Ontdek gratis online spelletjes

Hier verkrijgbaar:

BestActivityBooks.com/FREEGAMES

5 TIPS OM TE BEGINNEN!

1) HOE OP TE LOSSEN

De Puzzels zijn in een Klassiek Formaat:

- Woorden worden verborgen zonder pauzes (geen spaties, streepjes, ...)
- Oriëntatie: Voorwaarts & Achterwaarts, Boven & Beneden of in Diagonaal (kan in beide richtingen)
- Woorden kunnen elkaar overlappen of kruisen

2) ACTIEF LEREN

Naast elk woord is een spatie voorzien om de vertaling te noteren. Om actief te leren vindt u een **WOORDENBOEK** aan het einde van deze editie om uw kennis te controleren en uit te breiden. U kunt elke vertaling opzoeken en opschrijven, de woorden in de puzzel vinden en ze vervolgens aan uw woordenschat toevoegen!

3) TAG JE WOORDEN

Hebt u al geprobeerd een labelsysteem te gebruiken? U zou bijvoorbeeld de woorden die moeilijk te vinden waren kunnen markeren met een kruis, de woorden die u leuk vond met een ster, nieuwe woorden met een driehoek, zeldzame woorden met een ruit enzovoort...

4) ORGANISEER UW LEREN

Wij bieden ook een handig **NOTITIEBOEKJE** aan het eind van deze uitgave. Of u nu op vakantie, op reis of thuis bent, u kunt uw nieuwe kennis gemakkelijk ordenen zonder dat u een tweede notitieboek nodig hebt!

5) AFGESLOTEN?

Ga naar de bonussectie: **FINAAL UITDAGING** om een gratis spel te vinden dat aan het einde van deze editie wordt aangeboden!

Wil je meer leuke en leerzame activiteiten? Het is Snel en Eenvoudig!
Een hele collectie spelboeken slechts **één klik verwijderd!**

Vind uw volgende uitdaging bij:

BestActivityBooks.com/MijnVolgendeBoek

Klaar... Start!

Wist u dat er zo'n 7000 verschillende talen in de wereld zijn? Woorden zijn kostbaar.

We houden van talen en hebben hard gewerkt om de boeken van de hoogste kwaliteit voor u te maken. Onze ingrediënten?

Een selectie van onmisbare leerthema's, drie grote plakken plezier, dan voegen we er een lepel moeilijke woorden en een snuifje zeldzame woorden aan toe. We serveren ze met zorg en een maximum aan verrukking, zodat je de beste woordspelletjes kunt oplossen en veel plezier beleeft aan het leren!

Uw feedback is essentieel. U kunt een actieve bijdrage leveren aan het succes van dit boek door een recensie achter te laten. Vertel ons wat u het meest beviel in deze editie!

Hier is een korte link die u naar uw bestelpagina brengt:

BestBooksActivity.com/Recensies50

Bedankt voor uw hulp en veel plezier met het spel!

Linguas Classics

1 - Metingen

```
M I N U T O P E L Í D D K A Q U
K P H S B R R E W B M G A N Z W
I I E Q M T E T S P Q D P G Z Y
L N N R S E S D I O S C K G F A
O T G R A M O N E L A M I C E D
G A O R S Í C I Z E Í G L Q P A
R C X X A T X T K D O H Ó T R L
A G T V M N E M U L O V M K O E
M Y R D Í E Z Q C V Z R E U F N
O A Í U S C T Z S K M J T Q U O
A A Í T K J Z Y E F E Í R R N T
Í M H I Q L O S B R T B O I D Y
P U L G A D A T A N R L H O I X
O H C N A L T U R A O U J N D Q
Z Y Í O F T F T K P Z Q E Z A G
Í B Í L F I S I P C V N Y A D F
```

ANCHO
BYTE
CENTÍMETRO
DECIMAL
PROFUNDIDAD
PESO
GRAMO
ALTURA
PULGADA
KILOGRAMO

KILÓMETRO
LONGITUD
LITRO
MASA
METRO
MINUTO
ONZA
PINTA
TONELADA
VOLUMEN

2 - Opwarming van de Aarde

```
X F X U J P C T G C O R U T U F
J T K U D E A K O L L I A E A C
V E X S H N M S B I L N V M L O
A K Z T S L B E I M O D I P S N
Í H R G G P I N E A R U N E E S
G S O T A D O O R S R S T R A E
R G U R K M S I N G A T E A M C
E S U T A D Z C O I S R R T B U
N Ó I C N E T A F I E I N U I E
E F C P G S Z R C R D A A R E N
K O J R V C K E C K Z A C A N C
R G Y Í I X B N R A Q G I S T I
Q P F R J S G E O D Z G O C A A
Á R T I C O I G Í T W L N M L S
K B I U G A S S E D M D A F D Z
P T C I E N T Í F I C O L S X T
```

ATENCIÓN	CLIMA
ÁRTICO	AMBIENTAL
CRISIS	AHORA
ENERGÍA	DESARROLLO
GAS	GOBIERNO
DATOS	TEMPERATURAS
GENERACIONES	FUTURO
CONSECUENCIAS	CAMBIOS
INDUSTRIA	CIENTÍFICO
INTERNACIONAL	

3 - Keuken

```
E  T  J  K  X  S  A  T  E  L  L  I  V  R  E  S
S  A  Z  A  T  Í  Z  E  N  V  Q  M  N  D  K  A
P  H  I  P  T  E  Y  N  Ó  R  A  H  C  U  C  Y
E  L  O  R  R  A  T  E  G  T  Q  E  C  L  Í  Q
C  C  J  R  I  S  H  D  I  A  P  H  E  N  W  D
I  A  C  O  N  I  O  O  L  Z  A  T  E  C  E  R
A  L  U  D  C  O  Z  R  J  Ó  R  J  J  G  M  K
S  D  C  A  C  U  U  E  P  N  R  D  A  R  Q  D
E  E  H  R  O  N  C  S  K  R  I  O  N  R  R  S
S  R  A  E  M  B  U  H  O  J  L  R  P  M  R  E
P  A  R  G  I  K  Q  G  I  D  L  H  V  U  P  A
O  Y  A  I  D  I  P  Z  N  L  A  R  S  K  R  P
N  I  S  R  A  Z  R  O  D  A  L  E  G  N  O  C
J  Y  W  F  T  U  U  H  W  V  Í  O  A  P  E  A
A  H  D  E  P  A  L  I  L  L  O  S  S  F  O  X
Y  Y  Z  R  D  E  L  A  N  T  A  L  M  B  Y  Y
```

TAZAS	CUCHARÓN
PALILLOS	TARRO
PARRILLA	RECETA
CALDERA	DELANTAL
REFRIGERADOR	SERVILLETA
TAZÓN	ESPECIAS
JARRA	ESPONJA
CUCHARAS	COMIDA
CUCHILLOS	TENEDORES
HORNO	CONGELADOR

4 - Boten

```
G X A Q P I P L A G O B M O F N
Z K Q S A Q H W N Y C T Á M O W
T L A O L A S K R A I B S M X Z
M Í Í D C H G L O T T A T H O Z
T O R E N I R A M E U L I C S U
T M T U A T Z L O T Á S L A A U
N I C O R E L E V O N A É C O P
V T X A R A M C U E R D A X C M
F Í Í H N B Í O T K V X F R T X
B R H D F O O R X Í C R S U D D
E A X A J D A Y R R E F N H N U
G M M H N Ó I C A L U P I R T O
R Í O T L E H N B V G M P Z A N
A G B J N S E X I X V K A Y A K
Z E F N R J S C H K B L I I Y N
Y O D K B U T N L I K B R Q D E
```

ANCLA
TRIPULACIÓN
BOYA
OLAS
YATE
KAYAK
CANOA
MARÍTIMO
MÁSTIL
MARINERO

LAGO
MOTOR
NÁUTICO
OCÉANO
RÍO
CUERDA
FERRY
BALSA
MAR
VELERO

5 - Chocolade

```
N  Y  D  J  C  S  E  T  E  U  H  A  C  A  C  F
M  Í  B  G  J  A  X  Í  H  X  O  L  K  Q  A  I
O  S  O  I  C  I  L  E  D  V  Ó  O  C  M  C  Í
R  I  I  E  C  R  N  O  U  V  K  T  J  E  O  D
K  K  Z  Y  Y  E  O  G  R  A  M  A  I  J  C  R
B  N  B  T  B  L  M  M  R  Í  S  Q  C  C  O  E
M  O  P  A  Z  Ú  C  A  R  E  A  R  E  M  O  C
C  A  R  A  M  E  L  O  K  G  D  S  G  I  A  E
C  A  L  I  D  A  D  D  K  X  A  I  Í  V  C  T
A  R  T  E  S  A  N  A  L  C  R  F  E  A  A  A
A  R  O  M  A  F  A  V  O  R  I  T  O  N  C  Z
A  N  T  I  O  X  I  D  A  N  T  E  V  B  T  T
H  R  S  D  C  S  Y  Y  A  Í  Q  C  L  D  T  E
W  Í  U  B  Y  B  W  N  S  Í  C  L  O  O  O  B
Í  M  G  A  R  D  M  U  O  P  N  U  P  L  P  C
J  D  J  I  W  O  Q  V  F  E  R  D  B  G  A  X
```

ANTIOXIDANTE	INGREDIENTE
AROMA	CARAMELO
ARTESANAL	COCO
AMARGO	CALIDAD
CACAO	CACAHUETES
CALORÍAS	POLVO
COMER	RECETA
EXÓTICO	GUSTO
FAVORITO	AZÚCAR
DELICIOSO	DULCE

6 - Gezondheid en Welzijn #2

```
M A S A J E B R A N I M A T I V
W E S P I X B K T N Y D E Y T K
D U S M Z J X R E V A J U K L X
W M Y Q F M Q V I V Z T X M X C
N Ó I T S E G I D E W G O C P W
C R Y Y É R H U D Y S Í K M C R
S A L E R G I A Í G R E N E Í F
N A K X T N V Í C I B G Z B Y A
Z U L P S A W R N N B E I E V E
L M T U E S N O I F Y N G W Y O
Q Y X R D E H L C E L É F T J P
C S E Í I A Q A L C C T N K P E
N M H G D C B C J C Z I F P E S
Y Q L E A T I L X I Q C J F E O
H I G I E N E Ó E Ó M A K M G V
H O S P I T A L N N C U E R P O
```

ALERGIA	HIGIENE
ANATOMÍA	INFECCIÓN
SANGRE	CUERPO
CALORÍA	MASAJE
DIETA	DIGESTIÓN
ENERGÍA	ESTRÉS
GENÉTICA	VITAMINA
PESO	NUTRICIÓN
SALUDABLE	HOSPITAL

7 - Tijd

```
M  I  D  M  N  J  A  Í  B  I  F  K  D  D  Q  T
E  F  E  I  R  U  H  G  Y  A  D  É  C  A  D  A
S  H  S  X  O  M  O  D  F  Y  N  J  A  Í  K  H
M  O  P  U  I  O  R  O  D  E  X  A  B  O  D  D
I  H  U  Y  R  J  A  W  J  R  P  U  Ñ  N  R  W
V  O  É  X  A  L  N  M  R  E  L  O  J  A  L  V
Y  R  S  N  D  Í  A  E  Q  H  V  R  Í  R  M  W
D  A  P  C  N  S  M  D  H  O  G  U  P  P  R  Í
N  O  C  H  E  I  E  I  B  Y  T  T  E  M  F  Y
A  K  Y  Í  L  G  S  O  K  Z  X  U  E  E  I  E
N  K  Í  I  A  L  M  D  R  Q  Q  F  N  T  I  F
U  H  Í  P  C  O  D  Í  W  F  D  V  M  I  R  N
A  Y  K  Y  A  G  M  A  X  R  K  U  L  F  M  X
L  K  F  Q  E  X  X  F  T  X  X  I  A  A  M  S
Y  K  T  R  A  K  Z  B  W  Q  B  H  D  Ñ  L  F
C  B  G  W  E  Í  T  K  J  S  W  L  O  O  M  X
```

DÍA	MINUTO
DÉCADA	DESPUÉS
SIGLO	NOCHE
AYER	AHORA
AÑO	MAÑANA
ANUAL	FUTURO
CALENDARIO	HORA
RELOJ	HOY
MES	TEMPRANO
MEDIODÍA	SEMANA

8 - Meditatie

```
P  S  F  P  T  X  D  S  I  L  E  N  C  I  O  Q
Y  M  K  T  Y  N  A  G  R  A  T  I  T  U  D  H
K  P  U  B  G  L  D  G  S  G  M  Z  L  M  L  J
M  Ú  S  I  C  A  I  X  F  U  Y  E  V  D  B  K
Z  Q  U  T  V  Í  R  O  K  I  X  N  N  O  J  P
S  U  F  Q  A  I  A  X  I  V  H  O  Z  T  D  A
R  B  A  X  F  N  L  L  B  F  Í  A  E  N  A  Z
P  E  R  S  P  E  C  T  I  V  A  D  M  E  D  L
V  J  U  T  U  Z  B  J  J  H  A  B  O  I  I  A
F  S  T  H  N  Ó  I  S  A  P  M  O  C  M  C  T
R  E  S  P  I  R  A  C  I  Ó  N  N  I  I  I  E
W  V  O  T  R  E  I  P  S  E  D  D  O  V  L  N
H  G  P  A  Z  E  L  A  R  U  T  A  N  O  E  C
A  C  E  P  T  A  C  I  Ó  N  I  D  E  M  F  I
P  E  N  S  A  M  I  E  N  T  O  S  S  W  B  Ó
O  B  S  E  R  V  A  C  I  Ó  N  W  D  F  B  N
```

ATENCIÓN	COMPASIÓN
ACEPTACIÓN	MENTAL
RESPIRACIÓN	MÚSICA
MOVIMIENTO	NATURALEZA
GRATITUD	OBSERVACIÓN
EMOCIONES	PERSPECTIVA
PENSAMIENTOS	SILENCIO
FELICIDAD	PAZ
CLARIDAD	BONDAD
POSTURA	DESPIERTO

9 - Muziek

```
A  V  L  N  L  Y  N  M  K  F  F  G  J  O  R  F
E  C  R  R  Í  S  Y  T  P  R  G  C  J  B  Í  K
M  N  J  I  N  L  A  C  I  S  U  M  O  C  V  H
M  E  J  T  T  E  R  C  F  V  T  J  E  R  D  E
U  I  N  M  N  Z  M  M  E  L  O  D  Í  A  O  J
B  X  C  O  Z  R  O  B  A  L  A  D  A  P  C  C
L  H  T  R  O  T  N  E  M  U  R  T  S  N  I  L
Á  Q  T  I  Ó  F  Í  Ó  W  S  E  S  Y  C  R  Á
I  H  L  Z  A  F  A  J  I  Z  P  J  E  A  Í  S
I  P  I  X  X  W  O  O  T  C  Ó  U  U  N  L  I
P  O  É  T  I  C  O  N  Q  B  A  U  B  T  C  C
A  P  V  Z  W  H  P  V  O  X  K  B  F  A  H  O
I  M  P  R  O  V  I  S  A  R  V  F  A  R  U  L
I  E  C  A  N  T  A  N  T  E  V  Z  Q  R  H  W
D  T  R  Í  T  M  I  C  O  Z  S  S  R  X  G  M
F  G  V  D  M  Ú  S  I  C  O  F  R  Z  T  Q  H
```

ÁLBUM
BALADA
ARMONÍA
IMPROVISAR
INSTRUMENTO
CLÁSICO
CORO
LÍRICO
MELODÍA
MICRÓFONO

MUSICAL
MÚSICO
ÓPERA
GRABACIÓN
POÉTICO
RITMO
RÍTMICO
TEMPO
CANTANTE
CANTAR

10 - Vogels

```
G P F U S D Q J U M N N P S Z U
A K E L V W B T B A A A I P S U
V O I L A M O L A P F X N A F B
I C G V Í M H U E V O X G H B V
O V R E U C E N S I C V Ü S Q G
T V Í Z B B A N M S O Y I G R W
A Ñ E Ü G I C N C N T E N W E D
M Z W L Í O J A O O U B O S P R
A V E S T R U Z L T C A P M A F
Z C C P V D F K L A Á B A T V O
R Y L U Q D O G O P N Ú N N O Y
A R O O C S X Z P B R H G G R C
G O R W O O I O N R N O A V E Y
S S O L F M U Z X H P X N P A Q
Y I Y N O G O R R I Ó N S C L M
S Í O X Q A B Y V M G F O V P E
```

PALOMA
PATO
HUEVO
FLAMENCO
GANSO
POLLO
CUCO
CUERVO
GAVIOTA
GORRIÓN

CIGÜEÑA
LORO
PAVO REAL
PELÍCANO
PINGÜINO
GARZA
AVESTRUZ
TUCÁN
BÚHO
CISNE

11 - Universum

```
Y  U  H  D  S  O  E  M  X  G  C  H  Í  A  S  I
Í  D  J  E  J  I  L  D  Z  A  Y  O  A  S  O  G
R  U  R  O  M  M  B  W  R  L  A  R  T  T  L  Z
S  T  T  P  C  I  I  A  R  A  H  I  M  E  S  F
M  I  O  C  I  M  S  Ó  C  X  S  Z  Ó  R  T  J
K  G  I  V  E  H  I  F  A  I  M  O  S  O  I  V
Z  N  R  G  L  F  V  M  E  A  T  N  F  I  C  T
F  O  O  C  O  Q  M  E  N  R  V  T  E  D  I  X
J  L  D  U  Ó  T  T  R  I  V  I  E  R  E  O  D
O  Q  A  Í  Y  R  B  H  A  Y  Í  O  A  V  I  R
F  Í  U  M  A  N  B  A  S  T  R  Ó  N  O  M  O
J  U  C  E  G  C  C  I  C  D  Q  S  Í  H  A  N
K  P  E  V  Z  D  O  R  T  L  A  T  I  T  U  D
O  S  C  U  R  I  D  A  D  A  N  U  L  M  Y  G
R  N  F  L  R  Í  A  S  T  R  O  N  O  M  Í  A
T  E  L  E  S  C  O  P  I  O  H  S  A  Q  I  B
```

ASTEROIDE	CIELO
ASTRONOMÍA	HORIZONTE
ASTRÓNOMO	CÓSMICO
ATMÓSFERA	LONGITUD
ÓRBITA	LUNA
LATITUD	GALAXIA
ZODÍACO	TELESCOPIO
OSCURIDAD	VISIBLE
ECUADOR	SOLSTICIO
HEMISFERIO	

12 - Wiskunde

```
D S G E O M E T R Í A R J R P A
I I T R I Á N G U L O U O O E R
V M T U H D Q X R I U X L O R I
I E U V O L U G N Á T C E R P T
S T D Z G L G V Ó U U U L T E M
I R S I K B B O I B D A A E N É
Ó Í Y V H X B L C F I D R M D T
N A B P A B O U A R Á R A Í I I
Á N G U L O S M U A M A P R C C
S Í R Í B M X E C C E D O E U A
Í V E V Q D R N E C T O L P L V
E X P O N E N T E I R G Í A A P
T Y S N F P Y Í Ó O C G V R N
S E V P F U I Í X N H M O H V C
M R N R L A M I C E D O N Q F D
O W V C Q Y K A U Q P I O Í S X
```

DECIMAL
DIÁMETRO
DIVISIÓN
TRIÁNGULO
EXPONENTE
FRACCIÓN
GEOMETRÍA
ÁNGULOS
PERPENDICULAR
PERÍMETRO

PARALELO
RECTÁNGULO
ARITMÉTICA
SUMA
SIMETRÍA
POLÍGONO
ECUACIÓN
CUADRADO
VOLUMEN

13 - Gezondheid en Welzijn #1

```
W  I  Í  W  M  Í  N  E  R  V  I  O  S  L  X  F
V  U  F  D  I  Ú  E  N  P  M  W  N  H  F  C  R
Z  K  G  C  E  P  S  K  U  R  O  T  C  O  D  A
C  P  V  Z  K  P  N  C  V  Y  E  R  I  V  B  C
X  Í  D  K  G  U  B  F  U  I  A  F  U  Y  G  T
I  S  B  T  P  I  E  L  O  L  R  F  L  J  H  U
A  I  P  A  R  E  T  G  B  S  O  U  I  E  Y  R
C  H  O  R  M  O  N  A  S  L  O  S  S  Y  J  A
T  L  E  S  I  Ó  N  O  C  L  Í  N  I  C  A  O
I  G  Y  I  O  O  T  N  E  I  M  A  T  A  R  T
V  F  A  R  M  A  C  I  A  G  Q  O  T  J  U  I
O  B  A  C  T  E  R  I  A  S  Í  X  L  C  T  B
H  A  M  B  R  E  M  E  D  I  C  I  N  A  L  Á
U  D  J  I  J  J  S  O  V  L  U  Y  D  T  A  H
L  X  A  B  X  C  J  P  Í  F  M  D  G  A  W  P
E  R  E  L  A  J  A  C  I  Ó  N  O  P  T  J  D
```

ACTIVO	PIEL
FARMACIA	CLÍNICA
BACTERIAS	LESIÓN
TRATAMIENTO	MEDICINA
FRACTURA	RELAJACIÓN
DOCTOR	REFLEJO
HÁBITO	MÚSCULOS
HAMBRE	TERAPIA
ALTURA	VIRUS
HORMONAS	NERVIOS

14 - Camping

```
O L W W U P H D H Y Z D A G Z B
K O C C K A T A L U J Ú R B F H
K X G O R E R B M O S Q U N O T
H T U O U T V H K A X F T Í W S
Y C A C R O K T T D C H N E N X
A N I M A L E S A R G A E E F T
B O S Q U E V D L E K L V W Í J
L A G O G E U F I U A D A L L T
P N P T U Á V G N C E O I G U T
W U L A J R W O T C E S N I Í R
B L Z V M B S Y E M O N T A Ñ A
F M Y S L O A P R A C G T S C J
M Q U A V L U X N D A Y W L P O
W Q T L L E S J A M Z Z J E L V
H Í M B P S Y C K H A B V J I R
C A B I N A Z E L A R U T A N J
```

AVENTURA
MONTAÑA
ÁRBOLES
BOSQUE
FUEGO
CABINA
ANIMALES
HAMACA
SOMBRERO
INSECTO

CAZA
MAPA
CANOA
BRÚJULA
LINTERNA
LUNA
LAGO
NATURALEZA
CARPA
CUERDA

15 - Algebra

```
C  S  I  M  P  L  I  F  I  C  A  R  E  F  D  O
L  A  E  N  I  L  G  A  V  K  M  O  X  R  P  H
G  L  N  V  H  B  F  T  J  Z  U  T  P  A  R  V
A  U  O  T  I  N  I  F  N  I  S  C  O  C  O  A
M  M  D  B  I  G  D  N  Í  P  S  A  N  C  B  R
A  R  P  E  H  D  V  N  Z  C  G  F  E  I  L  I
R  Ó  N  Ó  I  C  A  U  C  E  H  N  N  Ó  E  A
G  F  O  H  B  H  U  D  F  R  F  G  T  N  M  B
A  R  S  H  A  H  Y  G  Q  O  X  W  E  B  A  L
I  Z  Á  O  P  A  R  É  N  T  E  S  I  S  C  E
D  A  F  F  L  R  E  S  T  A  M  A  T  R  I  Z
P  P  B  Z  I  U  F  A  L  S  O  E  K  Y  B  P
Í  C  W  Q  U  C  C  M  X  K  E  X  Z  O  G  D
J  N  W  T  M  Q  O  I  I  W  T  H  D  D  N  W
E  P  V  Q  L  L  S  D  Ó  K  F  I  E  G  I  V
Q  I  J  K  Z  G  X  E  Í  N  P  N  T  F  K  O
```

RESTA	MATRIZ
DIAGRAMA	CERO
EXPONENTE	INFINITO
FACTOR	SOLUCIÓN
FÓRMULA	PROBLEMA
FRACCIÓN	SUMA
GRÁFICO	FALSO
PARÉNTESIS	VARIABLE
CANTIDAD	SIMPLIFICAR
LINEAL	ECUACIÓN

16 - Activiteiten

```
M C E S Í I T H J S R E C A L P
A O I C O A Í N A S E T R A Y E
G S L Y F R C T R Z L Í V E O Y
I T N Í G U I V D K A C S E P T
A U C V T T W L I K J C B M F D
U R F A B N Í B N M A Y B I S X
L A Í O M I C R E B C D K U C H
I G O Y T P E T R A I C A O E Y
F A M V S O I P Í I Ó J O J L K
X C P G L Y G N A L N S U U P I
S I N L K G G R G E O M C X B S
H M C X Y Í E D A D I L I B A H
B Á J K E J D V N F D B C J D M
J R H J S E Z V W P Í Í L Y V B
L E C T U R A J S H W A J G M Y
A C T I V I D A D C C Q F B B H
```

ACTIVIDAD
ARTESANÍA
BAILE
FOTOGRAFÍA
PESCA
CAZA
CAMPING
CERÁMICA
ARTE

LECTURA
MAGIA
COSTURA
RELAJACIÓN
PLACER
PINTURA
JARDINERÍA
HABILIDAD
OCIO

17 - Vormen

```
E  E  S  Q  U  I  N  A  P  Q  X  B  N  O  H  N
O  S  L  A  D  O  H  E  A  O  Z  M  N  S  D  P
T  N  F  S  Q  B  I  M  P  L  L  N  I  E  S  Y
O  Í  Í  E  K  U  P  C  W  U  G  Í  C  D  H  Z
R  A  U  M  R  C  É  U  C  C  J  D  G  R  F  Y
D  E  E  H  C  A  R  R  R  R  M  Q  X  O  Q  P
N  D  C  B  Q  W  B  V  P  Í  F  H  N  B  N  C
I  I  H  T  X  M  O  A  R  C  A  R  C  O  B  O
L  M  M  O  Á  G  L  Q  I  C  O  N  O  L  W  D
I  Á  U  L  R  N  A  E  S  E  Q  Í  E  U  P  A
C  R  M  P  W  I  G  P  M  Y  C  B  X  G  L  R
R  I  M  H  O  O  B  U  A  I  L  O  I  N  U  D
O  P  X  Y  L  M  R  Z  L  M  L  F  X  Á  N  A
N  R  Y  I  M  Y  T  D  W  O  P  K  C  I  D  U
D  L  Í  N  E  A  O  V  A  L  B  L  R  R  X  C
A  I  K  Z  Í  D  X  P  E  P  B  G  O  T  D  P
```

ESFERA	CUBO
ARCO	LÍNEA
CILINDRO	OVAL
CÍRCULO	PIRÁMIDE
CURVA	PRISMA
TRIÁNGULO	BORDES
ESQUINA	RECTÁNGULO
HIPÉRBOLA	RONDA
LADO	POLÍGONO
CONO	CUADRADO

18 - Diplomatie

```
S G T R A T A D O C L V X Y W I
E O C D J R D A D I R G E T N I
G B X I X E U T C U W H C F V N
U I Í C X D K D A D I N U M O C
R E M S W Q B Z S A M O I D I V
I R O S E S A S N D Í C E D R V
D N H W N Z O I S A S Í M I A R
A O M F S Ó A M P N V U B S T E
D P O L Í T I C A O N Q A C I S
D P G T I T R C D S E J J U N O
T C Y U V O N F U K C P A S A L
C O N F L I C T O L K B D I M U
K E M B A J A D A G O F O Ó U C
D I P L O M Á T I C O S R N H I
W K L D C O O P E R A C I Ó N Ó
É T I C A J U S T I C I A R B N
```

ASESOR
EMBAJADA
EMBAJADOR
CIUDADANOS
CONFLICTO
DIPLOMÁTICO
DISCUSIÓN
ÉTICA
COMUNIDAD
JUSTICIA

HUMANITARIO
INTEGRIDAD
SOLUCIÓN
POLÍTICA
GOBIERNO
RESOLUCIÓN
COOPERACIÓN
IDIOMAS
SEGURIDAD
TRATADO

19 - Astronomie

```
E Z A A H S O S N E B U L O S A
T Q T Í W Y T N A L L E R T S E
E A U O I N W Z A T E N A L P A
L S A I D C X E A Y É A D H W O
E T N R N Z O Q Y E E L D C P L
S R O O Ó O C S T X K D I N Y U
C Ó R T I Q C L M Q F Í T T E N
O N T A C E W C N O J G V J E A
P O S V A R R E I T S S I O O H
I M A R I I T Y E O Z I F S W Y
O O T E D M E T E O R O V R U U
Í Q E S A A S T E R O I D E Í O
O Í M B R C O H E T E H O V S Z
Q F O O C O N S T E L A C I Ó N
Y Í C G R A V E D A D X O N X H
Y E S E X O A F P U W F N U S X
```

TIERRA
ASTEROIDE
ASTRONAUTA
ASTRÓNOMO
EQUINOCCIO
COMETA
COSMOS
LUNA
METEORO
NEBULOSA

OBSERVATORIO
PLANETA
COHETE
SATÉLITE
ESTRELLA
CONSTELACIÓN
RADIACIÓN
TELESCOPIO
UNIVERSO
GRAVEDAD

20 - Emoties

```
B C O N T E N I D O T C R S Z O
F O D A J A L E R Z R K O T S A
B D N L P R V G U O A C D N C P
K E B D O I Í E W Y N P A E Í A
K I T A A W D S D E Q V Z Z B X
S M F B B D Í R T O U F N V L L
A M H U B O D A N O I C O M E Z
T A Í R G E L A S K L B G O R V
I E A R O M A I J W I C R E P O
S I Z I Y R R T X U D R E A C W
F M E M J V U Z I B A T V L Í P
E M T I O L N L X T D C A L M A
C A S E R P R O S Y U Í E R C R
H I I N M A E V A P Z D C H H V
O Q R T R W T S I M P A T Í A F
G S T O D I C E D A R G A Y H Y
```

MIEDO

AVERGONZADO

AGRADECIDO

TRISTEZA

BEATITUD

CONTENIDO

CALMA

AMOR

RELAJADO

EMOCIONADO

TRANQUILIDAD

SIMPATÍA

TERNURA

SATISFECHO

SORPRESA

ABURRIMIENTO

PAZ

ALEGRÍA

BONDAD

IRA

21 - Vakantie #2

```
R G V D S E N O I C A C A V R W
Í B I Q A C X H A Z Q L P N E G
X Z S G Y T W T C A R P A K S Q
Q M A L S I Z X R P N T M W E T
Í O G E R P Z M S A O U E E R R
U B C T E A Z H U Q N E R T V A
O O H O P S J L O J I J H N A N
I C S H S A T P H J T A E A S S
C M A R A P B A D Q S I S R F P
A A G K Z O Í Z X Í E V F U O O
W U M T Í R L C N I D P E A I R
V M X P K T C E C V R T D T C T
E D I V I E P L A Y A P M S O E
R S G V D N T Y O I Í E J E O J
I G R H N Z G V Q P F R J R U E
A E R O P U E R T O Í S L G I K
```

DESTINO	RESTAURANTE
EXTRANJERO	PLAYA
ISLA	TAXI
HOTEL	CARPA
MAPA	TREN
CAMPING	VACACIONES
AEROPUERTO	TRANSPORTE
PASAPORTE	VISA
VIAJE	OCIO
RESERVAS	MAR

22 - Eten #2

```
A M C A N J L Z Q D J V W G R R
L E G E X B P V N R G A R R O Z
M L Q O I A N E J N E R E B S P
E O G A R R Á P S E B D K H E O
N C N E T A M O T C O X I S U L
D O E Z R N I V V I A G W N Q L
R T Q Í I H N E Í T A D I T X O
A Ó O U G J E U C K Í C O T U M
I N B K O C P H S Í P T Í L V T
J A M Ó N N B R Ó C O L I Y A C
J P L J N D A N M K O L N O N T
G Z C Q H Í W T P Q L I Z G A M
N R A Q V J O P Á Z L A Í U Z J
G E Z Z X E Q G I L W W X R N M
Í N W L Q M C B V Ñ P W T S A M
B N V C M I Q U B L A D O D M L
```

ALMENDRA
PIÑA
MANZANA
ESPÁRRAGO
BERENJENA
PLÁTANO
BRÓCOLI
PAN
UVA
HUEVO

JAMÓN
QUESO
POLLO
KIWI
MELOCOTÓN
ARROZ
TRIGO
TOMATE
PESCADO
YOGUR

23 - Restaurant #1

```
C T W A N E U P C P L A S L A S
A V R E S E R A O I H L E F F H
J I C D Í K T N M C N E M P Z I
E H C X Q C W N I A E R E M O C
R Z F T N P A A D N F G G B R D
O V U E Q B N M A T S I X L I B
T A Z Ó N U I E A E P A Y U X Q
O B J Q N X C W H R A O J Q V P
D K N O S Q O F C O E E L R O L
S J I H C Í C L Q A C R U L N A
C A F É U M P O S T R E A T O T
C T U B Q U E P F F C V X F O O
H I D E S E T N E I D E R G N I
C U C H I L L O Ú C A R N E E P
S E R V I L L E T A X Q T O J S
C W F N L A U A G M Í W C G J J
```

ALERGIA	MENÚ
PLATO	CUCHILLO
PAN	PICANTE
COMER	RESERVA
INGREDIENTES	SALSA
CAJERO	CAMARERA
COCINA	SERVILLETA
POLLO	POSTRE
CAFÉ	CARNE
TAZÓN	COMIDA

24 - Geologie

```
C T Z M X Y I C R I S T A L E S
J A P A C N L W P Y F C T K T E
N T L S A L C E G K U N E P N R
U I M C P I E D R A N M S V E O
X T J S I Y Z N A Q D C E S N S
L C S J D O N O C W I I M Í I I
A A D P U T Á Z N O D I C Á T Ó
V L F J Í O C R P A O A S I N N
A A Q S N M L A P F M A F G O M
J T T X W E O U V W Í D Y É C D
Q S J Q G R V C V E F H E I H Í
B E V O S R U B I P R H Q S U B
F Ó S I L E D G G U N N B E G U
E K V Z I T F N C U D L A R O C
D D U S G D P K Y Q V I Q O E J
K T W B S Í G T D I A T R H Q K
```

TERREMOTO
CALCIO
CONTINENTE
EROSIÓN
FÓSIL
GÉISER
FUNDIDO
CAVERNA
CORAL
CRISTALES

CUARZO
CAPA
LAVA
MESETA
ESTALACTITA
PIEDRA
VOLCÁN
ZONA
SAL
ÁCIDO

25 - Specerijen

```
V P N W M C C C T A A S M Q C P
D A Y B E U C E V J Q K Q N L T
F L I M R R J C B O G R A M A A
U E I N H R L L Q O F V Z F V E
B N W N I Y V U Q F L H Q E O U
J A P B C L I D L N I L Y N H C
Í C U L P J L C X O G M A O Í Y
O S W E Q I N A I W Í M Y G Z P
A D A C S O M Z E U N R Z R S A
A Z A F R Á N E R B I G N E J N
C I L A N T R O N W G W S C J Í
Z H J N J J Q P L T U S A O S S
L H Í L Z T B G W A Ó Y B I A Z
H I N O J O N I M O C N O V L F
H G M O O W O M O M A D R A C X
R E T F U X B J F D R R U W Q F
```

ANÍS	CLAVO
AMARGO	NUEZ MOSCADA
FENOGRECO	PIMENTÓN
JENGIBRE	AZAFRÁN
CANELA	SABOR
CARDAMOMO	CEBOLLA
CURRY	VAINILLA
AJO	HINOJO
COMINO	DULCE
CILANTRO	SAL

26 - Groenten

```
B Z P E T O L A H C P J A A R A
R E N T S Q O H U N S C P K N L
Ó B I H W P L Z S M X O I V T C
C M Y Q M P I R Z W Q X O G W A
O N A B Á R J N L G X H N Z W C
L Í Z S J P E T A L L O B E C H
I R A S E F R T O C Z Í B B Z O
U K B S N R E H Y M A S M E A F
T P A C G O P K J I A S P X N A
L X L E I J O E K Y Q T P F A C
O B A N B T O Q D Y J Í E C H Í
N L C U R U E N S A L A D A O K
I Q I F E S I E N B Í P V L R S
P F O V K E T N A S I U G Z I C
E B K R A T A J O Z F Q W L A X
P P A A P A N E J N E R E B T Q
```

ALCACHOFA
BERENJENA
BRÓCOLI
GUISANTE
JENGIBRE
AJO
PEPINO
OLIVA
SETA
PEREJIL

CALABAZA
NABO
RÁBANO
ENSALADA
APIO
CHALOTE
ESPINACAS
TOMATE
CEBOLLA
ZANAHORIA

27 - Archeologie

```
I  N  V  E  S  T  I  G  A  D  O  R  Í  H  H  V
Y  A  N  Á  L  I  S  I  S  J  H  K  J  H  Q  W
L  B  Ó  C  I  V  I  L  I  Z  A  C  I  Ó  N  L
N  M  I  C  B  I  T  O  I  U  R  B  T  S  D  E
F  U  C  O  B  J  E  T  O  S  E  N  E  C  E  O
R  T  A  D  K  Q  D  R  V  T  Ó  S  M  W  S  A
A  T  U  P  Í  Z  N  E  N  X  U  F  P  K  C  N
G  J  L  I  J  K  T  P  Z  Y  J  R  L  Í  O  T
M  M  A  L  J  L  Z  X  P  P  Q  K  O  Y  N  I
E  I  V  O  W  O  G  E  D  L  R  Y  U  L  O  G
N  S  E  T  N  E  I  D  N  E  C  S  E  D  C  Ü
T  T  Q  Q  R  E  L  I  Q  U  I  A  H  O  I  E
O  E  J  L  U  P  R  O  F  E  S  O  R  M  D  D
S  R  B  J  B  I  N  R  Y  A  D  J  K  L  O  A
Y  I  D  B  S  J  P  O  L  V  I  D  A  D  O  D
X  O  G  M  K  P  S  O  S  E  U  H  Í  W  U  B
```

ANÁLISIS	OBJETOS
CIVILIZACIÓN	DESCONOCIDO
HUESOS	INVESTIGADOR
EXPERTO	ANTIGÜEDAD
EVALUACIÓN	PROFESOR
FÓSIL	RELIQUIA
FRAGMENTOS	EQUIPO
TUMBA	TEMPLO
MISTERIO	ERA
DESCENDIENTE	OLVIDADO

28 - Dans

```
A L E G R E U M S I T M R D R I
G G L P L Y Y Ú N F V C I B O E
B W A D Í I Z S R A R U T S O P
B W U W F N Ó I C O M E M S P C
E N S A Y O C C U A C A O R R L
Í Y I E G L X A E X A I U C E A
M O V I M I E N T O C C S N U N
C U L T U R A L R V A A L Á C O
G Í N U J Q N L A I D R G U L I
I Z A A G G Q A D S E G D Q Í C
Í G T E P Q G I R E M W X V J I
C U L T U R A S U R I O F X Z D
C P S A L T A R P P A X R E G A
Z K Í G U V G H A X H S G T J R
Q L A Í F A R G O E R O C X C T
L T N C K D S I S O C I O Z G I
```

ACADEMIA
MOVIMIENTO
ALEGRE
COREOGRAFÍA
CULTURAL
CULTURA
EMOCIÓN
EXPRESIVO
GRACIA
POSTURA

CLÁSICO
ARTE
CUERPO
MÚSICA
SOCIO
ENSAYO
RITMO
SALTAR
TRADICIONAL
VISUAL

29 - Ziekte

```
G W L Í Y N C B B J S F W Í P H
L E A A V D U L A S O S E U H E
F V N I D E E Q U D E N V H J R
D T I É V Q R N Y O F I E H W E
B Y M W T N P C H R C I Z S M D
L F O U W I O B D O U M A E H I
D S D U K A C I N Ó R C A M K T
C I B S J O S O I G A T N O C A
O N A I R E T C A B C T I R S R
R A L E R G I A S G I E H D V I
A A F R M L Q K U A Ó R B N T O
Z U I Q I C W S I W N A D Í L H
Ó N E U R O P A T Í A P É S L A
N I N M U N I D A D L I B T Í V
I N F L A M A C I Ó N A I U J O
R E S P I R A T O R I O L Q Z Q
```

RESPIRATORIO	SALUD
ALERGIAS	CORAZÓN
BACTERIANO	INMUNIDAD
CONTAGIOSO	CUERPO
HUESOS	NEUROPATÍA
ABDOMINAL	INFLAMACIÓN
CRÓNICA	SENO
HEREDITARIO	SÍNDROME
GENÉTICO	TERAPIA
CURACIÓN	DÉBIL

30 - Mythologie

```
M  J  H  G  X  V  V  Y  C  F  X  F  U  F  S  F
O  E  T  U  L  A  B  E  R  I  N  T  O  Í  R  U
N  M  Y  E  M  Á  G  I  C  O  C  I  E  L  O  E
S  E  Y  R  R  I  G  I  G  R  A  Y  O  G  R  R
T  K  Í  R  C  T  Í  J  V  I  B  H  A  R  H  Z
R  S  T  E  X  U  S  H  Q  Y  Y  L  Q  X  Y  A
U  B  Í  R  A  M  L  A  R  U  T  A  I  R  C  V
O  H  T  O  N  S  T  T  S  I  C  T  Z  T  A  V
C  R  E  A  C  I  Ó  N  U  E  O  R  É  H  R  Z
G  H  O  D  I  C  C  U  I  R  D  O  O  D  J  A
T  E  M  N  D  T  V  E  R  B  A  M  Q  W  D  I
R  R  W  E  D  A  D  I  L  A  T  R  O  M  N  I
U  O  S  Y  H  X  Í  Z  Í  O  R  M  B  H  A  Z
E  Í  R  E  C  S  F  Y  O  Q  S  S  O  T  T  W
N  N  Í  L  A  R  Q  U  E  T  I  P  O  W  M  O
O  A  Z  N  A  G  N  E  V  D  P  A  O  H  Z  C
```

ARQUETIPO	FUERZA
RAYO	GUERRERO
CREACIÓN	LEYENDA
CULTURA	MÁGICO
TRUENO	MONSTRUO
LABERINTO	INMORTALIDAD
HÉROE	DESASTRE
HEROÍNA	MORTAL
CIELO	CRIATURA
CELOS	VENGANZA

31 - Eten #1

```
C E B A D A B I Z G L A S L S Z
X R N Z B Q S C G A E Í F Í F A
T U R R X Q J X F C C H N B S N
Í G B D A C E K W S H W O A P A
E L W R L C R T U T E V I L M H
Q B Í M I R D E U Y P P T B O O
J S W V Í M S M U M X J L A N R
S L I M Ó N B J J E K L N H X I
A O A L B A R I C O Q U E A G A
C D P P E R A V Y Í Y U J C G H
A F K A D A L A S N E F Q A S Z
N U L H L C E J T C E B O L L A
I K U F C Ú N Y K S X G Y F B Q
P S W Q F Z A M H J U G O A W H
S A T Ú N A C J F R E S A J H M
E D N S V X J X A H C Í B O B M
```

FRESA	ENSALADA
ALBARICOQUE	JUGO
ALBAHACA	SOPA
LIMÓN	ESPINACAS
CEBADA	AZÚCAR
CANELA	ATÚN
AJO	CEBOLLA
LECHE	CARNE
PERA	ZANAHORIA
MANÍ	SAL

32 - Avontuur

```
P  R  E  P  A  R  A  C  I  Ó  N  U  K  Í  S  H
O  E  N  T  U  S  I  A  S  M  O  S  N  C  O  G
V  P  J  W  V  A  L  E  N  T  Í  A  Ó  D  L  V
E  R  O  G  C  E  D  A  T  L  U  C  I  F  I  D
U  O  I  R  A  R  E  N  I  T  I  V  S  S  T  M
N  N  F  E  T  N  E  D  N  E  R  P  R  O  S  N
A  A  U  T  Z  U  A  A  P  A  H  R  U  G  Y  V
P  Z  D  D  K  C  N  D  N  Z  L  E  C  I  C  O
A  E  W  A  Y  Q  L  I  K  E  C  Z  X  M  P  D
L  L  L  D  F  P  I  V  D  L  B  E  E  A  I  E
E  L  I  I  S  N  Ó  I  C  A  G  E  V  A  N  S
G  E  T  R  G  S  A  T  N  R  D  O  I  A  F  T
R  B  Y  U  F  R  J  C  R  U  O  T  A  Z  Í  I
Í  Í  E  G  T  N  O  A  Q  T  J  Í  J  J  E  N
A  A  P  E  V  N  H  S  V  A  F  X  E  F  K  O
I  N  U  S  U  A  L  O  O  N  E  A  S  Z  A  K
```

ACTIVIDAD	NUEVO
DESTINO	INUSUAL
ENTUSIASMO	ITINERARIO
EXCURSIÓN	VIAJES
PELIGROSO	BELLEZA
OPORTUNIDAD	SEGURIDAD
VALENTÍA	SORPRENDENTE
DIFICULTAD	PREPARACIÓN
NATURALEZA	ALEGRÍA
NAVEGACIÓN	AMIGOS

33 - Restaurant #2

```
Y  J  M  Í  P  C  C  N  Z  J  Z  P  E  O  C  E
F  O  Z  R  E  U  M  L  A  F  L  A  S  S  E  K
P  R  Z  Z  C  I  S  V  X  U  D  S  P  P  N  J
P  E  S  C  A  D  O  E  U  U  L  T  E  U  A  Y
R  R  K  V  R  O  D  E  N  E  T  E  C  R  I  J
R  A  H  Q  A  D  B  G  D  A  L  L  I  S  E  L
H  M  P  Z  H  Y  E  E  Y  K  U  Í  A  Í  N  T
H  A  D  C  C  Y  U  L  B  V  V  Q  S  E  S  C
U  C  V  X  U  Z  D  L  I  I  I  M  D  I  A  B
E  L  P  C  C  Q  A  C  Q  C  D  W  Q  O  L  F
V  D  D  Q  Y  I  G  Q  S  G  I  A  I  J  A  I
O  H  I  E  L  O  U  H  S  R  V  O  P  T  D  D
S  H  Y  E  H  X  A  T  U  R  F  F  S  O  A  E
P  T  L  G  V  E  R  D  U  R  A  S  S  O  S  O
Q  M  X  Í  V  V  W  D  N  J  W  U  J  H  E  S
D  C  A  L  Z  T  V  K  Y  S  V  O  L  N  B  N
```

PASTEL	FIDEOS
CENA	CAMARERO
BEBIDA	ENSALADA
HUEVOS	SOPA
FRUTA	ESPECIAS
VERDURAS	SILLA
DELICIOSO	PESCADO
HIELO	TENEDOR
CUCHARA	AGUA
ALMUERZO	SAL

34 - De Media

```
Q  L  B  C  M  R  J  R  P  A  P  U  Í  X  K  P
W  U  W  P  O  Z  A  W  V  R  Ú  X  Z  J  F  Q
V  T  Q  F  L  M  F  D  D  O  B  K  Í  F  O  I
G  W  H  N  Q  G  U  G  I  G  L  X  I  Q  D  L
Q  S  Q  L  P  U  Í  N  S  O  I  C  N  U  N  A
R  E  V  I  S  T  A  S  I  Q  C  S  Ó  L  C  E
I  N  D  U  S  T  R  I  A  C  O  S  I  O  C  N
D  I  G  I  T  A  L  H  N  L  A  O  C  C  V  Í
T  E  L  E  V  I  S  I  Ó  N  O  C  A  A  S  L
L  E  E  H  C  N  J  X  I  Q  P  I  I  L  I  N
E  D  H  E  C  H  O  S  C  E  I  D  C  Ó  R  E
I  I  T  R  T  E  A  E  A  A  N  Ó  N  K  N  S
L  C  U  B  E  B  M  M  C  I  I  I  A  V  D  G
X  I  V  I  B  D  M  L  U  G  Ó  R  N  T  F  S
G  Ó  U  S  X  P  P  P  D  A  N  E  I  I  I  Z
L  N  Z  W  A  P  Í  E  E  K  I  P  F  C  A  U
```

ANUNCIOS

COMUNICACIÓN

DIGITAL

EDICIÓN

HECHOS

FINANCIACIÓN

INDUSTRIA

PERIÓDICOS

LOCAL

OPINIÓN

RED

EDUCACIÓN

EN LÍNEA

PÚBLICO

RADIO

TELEVISIÓN

REVISTAS

35 - Bijen

```
D  I  V  E  R  S  I  D  A  D  E  H  M  V  W  Y
L  J  H  Q  F  S  A  L  A  S  N  Á  B  A  O  U
H  J  A  R  D  Í  N  R  F  Í  J  B  C  J  S  F
Y  R  D  O  X  H  I  E  A  X  A  I  D  Y  O  H
X  P  I  W  D  J  X  I  F  G  M  T  I  S  I  W
N  D  M  C  F  G  A  N  S  H  B  A  R  E  C  M
C  W  O  C  N  Y  K  A  R  T  R  T  O  R  I  S
F  O  C  O  F  L  O  C  Y  Z  E  Z  D  O  F  Í
A  R  L  O  S  Y  T  C  K  F  M  V  A  L  E  G
I  M  U  M  Y  F  S  B  Í  U  I  Y  Z  F  N  D
R  N  U  T  E  A  U  L  B  J  Q  Z  I  Z  E  B
V  E  S  L  A  N  N  Y  H  A  M  J  N  I  B  E
P  L  K  E  B  M  A  Í  N  J  Q  G  I  F  D  U
A  O  A  I  C  B  F  R  W  S  Y  R  L  L  L  K
J  P  A  M  E  T  S  I  S  O  C  E  O  O  Y  L
D  P  Z  M  B  T  O  M  U  H  K  W  P  R  H  B
```

POLINIZADOR
COLMENA
FLORES
FLOR
DIVERSIDAD
ECOSISTEMA
FRUTA
HÁBITAT
MIEL
INSECTO

REINA
HUMO
POLEN
JARDÍN
ALAS
COMIDA
BENEFICIOSO
CERA
SOL
ENJAMBRE

36 - Wandelen

```
A Z E L A R U T A N Q D I A R L
M C T T P Í S Í K Y L K Z N G K
I M A T A V N L W P V G L I G F
L X C N M F S R U J C B Y M O Q
C G L V T J Z H C Z E K C A R G
Y R I G N I P M A C B M A L I X
Í Í L Q K V L W Z X I O N E E U
M O N T A Ñ A A S O L S S S N T
N S A Í U G C T D V A Q A P T P
C E R B M U C A U O G U D L A Í
H U S A L V A J E T U I O G C X
Q Q Y S D O Y O S A T O B I G
P R E P A R A C I Ó N O Z O Ó Z
V A P I E D R A S N Y S B J N S
W P M Q D V M J K B H S A P P M
T B Y O U P E S A D O M L T L F
```

MONTAÑA
ANIMALES
GUÍAS
MAPA
CAMPING
ACANTILADO
CLIMA
BOTAS
CANSADO
MOSQUITOS

NATURALEZA
ORIENTACIÓN
PARQUES
PIEDRAS
CUMBRE
PREPARACIÓN
AGUA
SALVAJE
SOL
PESADO

37 - Ecologie

```
G L O B A L N C O S U X V X M C
H Á B I T A T L Q O N A T N A P
H V Y T W G A I K S H E L Í R C
D Z J N G Í F M T T C Í G J I Z
I I T M X H H A C E K M A R N G
V E N A Y G A Y X N U F Z H O U
E P P A I C N E V I V R E P U S
R B L S E Q U Í A B K N L R F V
S K U A B I T X F L Q A A C U A
I X W R N B O V A E Q T R F R R
D S O O D T Z V U I V U U R E I
A R S L F K A S N K V R T P A E
D H Y F S Q K S A I D A A K U D
Y T M K E S P E C I E L N E Z A
M Z Z M Y M O N T A Ñ A S B L D
N O I L C O M U N I D A D E S X
```

MONTAÑAS	CLIMA
DIVERSIDAD	MARINO
SEQUÍA	PANTANO
SOSTENIBLE	NATURALEZA
FAUNA	NATURAL
FLORA	SUPERVIVENCIA
COMUNIDADES	PLANTAS
GLOBAL	ESPECIE
HÁBITAT	VARIEDAD

38 - Biologie

```
P  R  O  T  E  Í  N  A  C  E  I  R  H  X  E  F
M  A  M  Í  F  E  R  O  R  V  M  E  O  H  M  O
Y  O  C  G  U  K  G  I  O  O  A  S  R  P  B  T
V  S  R  K  K  A  I  Y  M  L  N  P  M  Í  R  O
S  P  R  Q  K  E  B  X  O  U  A  I  O  N  I  S
C  O  L  Á  G  E  N  O  S  C  T  R  N  E  Ó  Í
Z  G  I  D  L  E  A  O  O  I  O  A  A  S  N  N
F  S  U  Í  W  N  Z  Y  M  Ó  M  C  N  I  N  T
S  I  N  A  P  S  I  S  A  N  Í  I  O  M  E  E
R  T  X  U  H  J  I  N  E  G  A  Ó  R  B  R  S
B  Y  Q  R  E  I  I  S  A  N  R  N  U  I  V  I
G  P  L  W  G  N  Í  V  O  T  H  Y  E  O  I  S
R  E  P  T  I  L  Z  Y  P  M  U  U  N  S  O  R
J  P  F  W  E  W  H  I  W  Z  S  R  B  I  I  P
C  E  L  D  A  Í  P  M  M  T  Y  Ó  A  S  K  G
K  X  O  P  A  N  Ó  I  C  A  T  U  M  L  Z  L
```

RESPIRACIÓN
ANATOMÍA
CELDA
CROMOSOMA
COLÁGENO
PROTEÍNA
EMBRIÓN
ENZIMA
EVOLUCIÓN
FOTOSÍNTESIS

HORMONA
MUTACIÓN
NATURAL
NEURONA
ÓSMOSIS
REPTIL
SIMBIOSIS
SINAPSIS
NERVIO
MAMÍFERO

39 - Landen #1

```
Í  T  N  S  C  A  I  N  A  M  E  L  A  A  F  N
G  A  I  Y  K  I  R  V  C  J  B  L  T  D  Í  O
M  U  C  I  Í  L  A  I  B  I  L  R  I  E  L  R
K  X  A  G  B  A  K  F  V  P  V  Q  S  H  Í  U
Q  J  R  D  H  T  B  R  A  S  I  L  H  V  C  E
M  H  A  C  I  I  W  W  Á  M  A  N  A  P  I  G
R  Z  G  Q  S  A  X  C  L  A  G  E  N  E  S  A
P  T  U  Q  R  J  C  K  S  R  Y  U  I  N  S  B
X  O  Ñ  A  P  S  E  A  R  X  O  S  P  P  A
E  G  L  Í  E  X  C  I  Q  U  N  K  B  C  M  L
Y  F  E  O  L  G  P  G  C  E  R  G  Í  M  L  S
Í  N  O  F  N  Q  W  G  A  C  Y  J  S  Q  A  W
Y  G  Q  G  N  I  A  I  N  O  T  E  L  X  U  C
L  S  V  E  N  X  A  N  A  S  E  G  I  P  T  O
P  K  V  N  W  L  F  C  D  B  É  L  G  I  C  A
R  U  M  A  N  I  A  A  Á  E  O  X  A  N  M  L
```

BÉLGICA	LETONIA
BRASIL	LIBIA
CAMBOYA	MARRUECOS
CANADÁ	NICARAGUA
CHILE	NORUEGA
ALEMANIA	PANAMÁ
EGIPTO	POLONIA
IRAK	RUMANIA
ISRAEL	SENEGAL
ITALIA	ESPAÑA

40 - Installaties

```
C G H I M P L P L B D U R U F G
B J N W Q A S K V L G R L K R L
J D Y V W W F U E R A B R E I H
B A R O L F O L T E C L T F J M
G O R O L F O Q N C B A L G O J
V T T D F N M O A E A J O H L V
R S T Á Í Q G Í Z R M C B S B M
B U F C N N Y J I C B R R Z M Q
N B R E Í I R J L M Ú J Á G A P
U R A F I J C C I X J C Y M R S
Z A Í N Ó I C A T E G E V U D M
E O Z S C Z H Y R B O S Q U E U
H M M V L K W A E N M D X H I S
B W B F M I G B F X V T L B H G
M R W Z W G Q L J V D E B K H O
Í C E B J M U F O L L A J E B Z
```

BAMBÚ
BAYA
HOJA
FLOR
ÁRBOL
FRIJOL
BOSQUE
CACTUS
FLORA
FOLLAJE

HIERBA
CRECER
HIEDRA
FERTILIZANTE
MUSGO
BOTÁNICA
ARBUSTO
JARDÍN
VEGETACIÓN
RAÍZ

41 - Agronomie

```
S  A  R  U  D  R  E  V  N  A  Í  G  R  E  N  E
W  I  Í  B  Y  S  W  G  Ó  Z  G  Z  S  Q  R  D
O  O  S  O  U  O  N  Ó  I  C  C  U  D  O  R  P
S  L  V  T  K  P  Q  S  C  C  S  G  A  C  A  G
E  E  N  N  E  C  N  W  A  O  O  I  Í  I  G  C
N  T  M  E  X  M  E  I  G  N  S  C  G  N  R  O
F  N  I  I  J  E  A  Q  I  T  T  C  O  Á  I  M
E  A  S  M  L  S  Y  S  T  A  E  I  L  G  C  I
R  Z  U  I  A  L  W  R  S  M  N  E  O  R  U  D
M  I  B  C  R  K  A  C  E  I  I  N  C  O  L  A
E  L  Z  E  U  R  Í  S  V  N  B  C  E  K  T  D
D  I  U  R  R  B  I  B  N  A  L  I  L  D  U  L
A  T  K  C  F  B  Z  J  I  C  E  A  Z  V  R  Y
D  R  E  S  T  U  D  I  O  I  N  K  P  G  A  L
E  E  E  X  A  Y  Z  C  L  Ó  J  B  N  T  S  C
S  F  Z  P  E  A  A  C  N  N  Ó  I  S  O  R  E
```

SOSTENIBLE
ECOLOGÍA
ENERGÍA
EROSIÓN
CRECIMIENTO
VERDURAS
AGRICULTURA
RURAL
FERTILIZANTE
INVESTIGACIÓN

ORGÁNICO
PRODUCCIÓN
ESTUDIO
SISTEMAS
CONTAMINACIÓN
COMIDA
AGUA
CIENCIA
SEMILLAS
ENFERMEDADES

42 - Oceaan

```
O S T R A C J Q E V B A V I A P
D V O R T F A Q M J N S L R C U
A H V A N D G M L K F U A G O L
C Z O F E O U D A W J D R V A P
S Q W C M O T C D R N E O D L O
E M C C R A R G K P Ó M C I B J
P J L A O E O O A K R N Ú T A E
X R A E T K T A N G U I L A R R
E T D X R O A D E J B B W J C G
W I R Í I R F F L U I H D N O N
G P S W N G D Z L G T B R O I A
F J E V V Í B H A P S H A P D C
A R R E C I F E B L Q W M S V L
N S X E M F B L O O U L Z E S R
A Y M A R E A S E Q X P J M A L
G Z E G V G H W B D U C R B L V
```

ANGUILA	PULPO
ALGA	OSTRA
BARCO	ARRECIFE
DELFÍN	TORTUGA
CAMARÓN	ESPONJA
MAREAS	TORMENTA
TIBURÓN	ATÚN
CORAL	PESCADO
CANGREJO	BALLENA
MEDUSA	SAL

43 - Landen #2

```
U D S O A L K N M Z H E F J P R
K H O D P A F W A É U G X O B L
K X M M A P A O G Z X Z E I V K
C W A I R E B I L A D I A F P M
V O L K E N I A A C I D C S K Y
E Í I U G A N D A F N K A O X P
U T A I S A L A M R A X L N M A
Í X I I S I R I A A M K Í C R Q
M V V O S V A A G N A U B G F J
V U Q A P E D M B C R C A L F B
R U S I A Í N J B I C R N Y E V
T N V R I J A O J A A A O A A A
X P A E C C L Q D Y G N Ó P A J
I Y O G E M R S Z N F I W D K C
D K S I R L I R I V I A Í X N W
M K G N G Í U T R Q I L X B K Í
```

DINAMARCA
ETIOPÍA
FRANCIA
GRECIA
IRLANDA
INDONESIA
JAPÓN
KENIA
LAOS
LÍBANO

LIBERIA
MALASIA
MÉXICO
NEPAL
NIGERIA
UGANDA
UCRANIA
RUSIA
SOMALIA
SIRIA

44 - Bloemen

```
N  Í  M  Z  A  J  V  G  B  T  L  C  T  M  T  L
R  A  S  Q  J  R  K  G  K  D  I  S  G  A  L  A
O  A  R  A  O  A  E  D  Í  U  Q  R  O  R  I  V
S  I  M  C  T  M  W  N  L  S  S  B  G  G  D  A
A  R  R  A  I  O  Y  L  S  I  T  G  F  A  Q  N
I  E  G  Í  P  S  I  Q  W  Í  R  Í  I  R  B  D
R  M  I  N  H  O  O  E  K  H  B  I  R  I  V  A
A  U  R  O  L  L  L  O  B  É  R  T  O  T  E  U
N  L  A  E  T  I  Y  A  E  Y  R  V  Í  A  F  F
O  P  S  P  J  I  P  D  T  H  I  B  I  S  C  O
I  R  O  X  P  L  É  G  U  A  X  P  R  Q  G  T
S  L  L  T  L  G  T  S  L  G  A  T  F  T  G  Y
A  I  N  E  D  R  A  G  I  O  H  Y  K  W  X  X
P  C  Z  T  Q  Í  L  J  P  M  Q  S  L  I  L  A
U  E  B  M  L  Q  O  U  Á  Q  N  B  N  B  J  Y
M  A  G  N  O  L  I  A  N  K  Q  K  U  I  D  O
```

PÉTALO
RAMO
GARDENIA
HIBISCO
JAZMÍN
TRÉBOL
LAVANDA
LIRIO
LILA
MARGARITA

MAGNOLIA
NARCISO
ORQUÍDEA
AMAPOLA
PASIONARIA
PEONÍA
PLUMERIA
ROSA
TULIPÁN
GIRASOL

45 - Landschappen

```
C C Í L I Q P M F A O P V H R Í
A Q M A N I L O C M R M Í M H U
A F A G X L U N G O N A T N A P
L V R O N Í J T L Í A L J T D V
I C E B E R G A A R L S A K A A
I B A U K Z G Ñ C E U I I F C L
R I T G C N O A I S S W E S S L
V O L C Á N G C A I N P O N A E
D E S I E R T O R É Í F L L C D
K F X K N D X N H G N B U A R V
Q J M O J B Í A Q N E X K R Y K
M L S O L X H É T U P G I D T A
P H O R D S R C K T N B M N O O
G C E U T P Q O P P E S S U P F
F Z B T M O D F A U B E N T W Í
E B H A C Y J I A T F X W L R Q
```

MONTAÑA
ISLA
GÉISER
GLACIAR
CUEVA
COLINA
ICEBERG
LAGO
PANTANO
OASIS

OCÉANO
RÍO
PENÍNSULA
PLAYA
TUNDRA
VALLE
VOLCÁN
CASCADA
DESIERTO
MAR

46 - Tuin

```
F G B X K R A M M R O L F F V U
R V I A Z A R R E T O O V L K E
E V J A N D L I V X U C A O C S
E Í D Y A C A M A H A R A X U T
J F Z B L O O T S U B R A S T A
A A L L A V T V V N K I A T Í N
R B R D P O R H C Í D I V U Í Q
A R Y D R V E M A L E Z A S L U
G E G Z Í N U U P O P Y R M Z E
B I E S V N H C I P S U E X V H
J H T U M S L P R M É Q U M L L
B L Z N T L F Í L A C C G Z P L
R A S T R I L L O R Z C N L H Y
Í Í R K A P P V B T O G A E R M
O A P Z H W K H R Y C V M R J V
V I U R W J I O Á V C M O Z S J
```

BANCO
FLOR
ÁRBOL
HUERTO
GARAJE
CÉSPED
HIERBA
HAMACA
RASTRILLO
VALLA

MALEZAS
ROCAS
PALA
MANGUERA
ARBUSTO
TERRAZA
TRAMPOLÍN
JARDÍN
ESTANQUE
VID

47 - Beroepen #2

```
M É D I C O D Z C P I N T O R J
O E B Y X G R E V I T C E T E D
F X K T G O J E N Y R M Z B X X
O A G N Q L V T N T I U N L D F
S T T I H Ó L K W I I R J B O C
Ó U Z N S I P F F B D S A A Y B
L A I J Q B S P Í U T R T G N N
I N V E S T I G A D O R A A Í O
F O T Ó G R A F O Z R T V J I T
V R A T S I D O I R E P N B D O
K T L Í R O T L U C I R G A E L
C S I N V E N T O R N J O R S I
E A G E L M P R O S E F O R P P
L I N G Ü I S T A P G Í N G Z T
N Q J F G A R G S K N L W N W Q
I L U S T R A D O R I G U G F N
```

MÉDICO
ASTRONAUTA
BIÓLOGO
AGRICULTOR
CIRUJANO
DETECTIVE
FILÓSOFO
FOTÓGRAFO
ILUSTRADOR
INGENIERO

PERIODISTA
PROFESOR
LINGÜISTA
INVESTIGADOR
PILOTO
PINTOR
DENTISTA
JARDINERO
INVENTOR

48 - Dagen en Maanden

```
M M Q O Z R A M M N Q T C L K A
I R E T V T H U A X Y A P K J X
É J J S R J O I R A D N E L A C
R U O O A I Ñ V T T Z A X V R C
C N Y G V A B E A J M F M D Q
O I E A S C S S M H E R D N Q
L O N O V I E M B R E S C Í C I
E T Q R P J N E R G S E Í A W D
S E F F X L U H E W S P U Z V H
S M N V Q L L E R B U T C O T W
I D S E N R E I V G Y I C P C L
G C F J R I L V B E L E B E K I
F K D M A O I L U J S M I B J L
F E B R E R O V W N A B V A B Z
S Á B A D O C Z J Í M R E H C U
D O M I N G O G U C N E J S L Q
```

AGOSTO
MARTES
JUEVES
FEBRERO
AÑO
ENERO
JULIO
JUNIO
CALENDARIO
MES

LUNES
MARZO
NOVIEMBRE
OCTUBRE
SEPTIEMBRE
VIERNES
SEMANA
MIÉRCOLES
SÁBADO
DOMINGO

49 - Mode

```
A  R  U  T  X  E  T  O  D  A  D  R  O  B  E  M
M  Y  X  P  H  N  E  X  R  Y  M  E  L  D  S  E
P  I  M  X  S  C  J  W  S  I  H  U  L  M  T  D
M  A  N  J  X  A  I  W  Í  N  G  Q  I  W  I  I
Q  P  T  I  N  J  D  V  X  Í  W  I  C  C  L  C
W  O  W  R  M  E  O  R  A  C  C  T  N  U  O  I
A  R  A  Í  Ó  A  L  H  F  Í  L  U  E  A  Q  O
B  V  F  P  H  N  L  S  W  U  W  O  S  A  L  N
T  Y  A  Z  K  Í  R  I  O  W  C  B  M  S  P  E
O  M  X  P  R  O  M  S  S  Z  F  R  F  E  R  S
T  E  N  D  E  N  C  I  A  T  V  S  S  Q  Á  J
S  Z  E  Í  T  R  U  L  A  D  A  W  Í  U  C  S
E  T  N  A  G  E  L  E  G  B  E  A  T  I  T  V
D  V  X  Y  L  D  B  O  T  O  N  E  S  B  I  F
O  T  J  E  U  O  X  C  P  T  G  U  Í  L  C  C
M  O  J  M  H  M  N  H  M  V  X  Q  V  E  O  H
```

MEDICIONES
MODESTO
ASEQUIBLE
BORDADO
CARO
SENCILLO
ELEGANTE
ENCAJE
ROPA
BOTONES

MINIMALISTA
MODERNO
ORIGINAL
PATRÓN
PRÁCTICO
ESTILO
TEJIDO
TEXTURA
TENDENCIA
BOUTIQUE

50 - Tuinieren

```
C O M E S T I B L E A E J M Q G
W F T Í R T R Í Z J D A V W I D
V W F D X E S S A L L I M E S
L X K W P G I F C L D X V P S B
M A N G U E R A L L V P L V U P
S U N Z V P J O C O T R E U H C
U G F O C C E Y V F R S P Í N O
C A L C I Z S U E L O F O Q H N
I U O I O C I N Á T O B P J U T
E A R T U A A P H E X A P N M E
D Y A Ó Y R G T X I G W L Z E N
A T L X S A W I S C L I M A D E
D V Í E M M W D V E H O J A A D
K Q C W A O A C V P Y J D L D O
V C U P H M K I T S O P M O C R
H H N T P C G N T E H U P C Í E
```

HOJA	EXÓTICO
FLORAL	FOLLAJE
FLOR	CLIMA
SUELO	ESTACIONAL
RAMO	MANGUERA
HUERTO	ESPECIE
BOTÁNICO	HUMEDAD
COMPOST	SUCIEDAD
CONTENEDOR	AGUA
COMESTIBLE	SEMILLAS

51 - Menselijk Lichaam

```
U  Y  C  K  G  H  G  U  T  H  D  F  D  M  S  E
U  Z  O  R  B  M  O  H  B  K  R  K  M  S  A  S
X  T  D  L  C  N  U  R  O  D  I  L  L  A  N  T
N  L  O  E  L  E  H  N  D  R  Í  U  E  C  G  Ó
Ó  A  Y  I  J  I  C  U  E  L  L  O  C  O  R  M
Z  N  R  P  I  Q  B  F  D  M  C  H  A  B  E  A
A  R  E  I  A  Z  D  O  Y  A  E  E  B  L  R  G
R  E  B  D  Z  O  Q  C  T  N  R  H  E  R  L  O
O  I  O  A  D  F  B  S  I  D  E  G  Z  M  P  G
C  P  E  E  R  N  Í  C  K  Í  B  B  A  L  E  N
M  A  N  O  T  B  J  J  S  B  R  L  J  I  T  M
F  U  H  Q  P  Í  I  V  K  U  O  P  E  D  M  Í
L  E  N  G  U  A  G  L  J  L  L  O  R  H  A  K
N  M  B  J  H  Q  Í  E  L  A  P  A  O  N  Q  O
Y  R  Í  Y  D  C  G  Í  Y  A  T  M  G  K  N  H
Í  T  P  X  L  C  H  A  U  W  W  W  Z  D  T  K
```

PIERNA	BARBILLA
SANGRE	RODILLA
CODO	ESTÓMAGO
TOBILLO	BOCA
MANO	CUELLO
CORAZÓN	NARIZ
CEREBRO	OREJA
CABEZA	HOMBRO
PIEL	LENGUA
MANDÍBULA	DEDO

52 - Energie

```
E  R  Z  H  T  Q  K  J  Í  V  H  H  L  T  P  J
C  L  Í  Í  I  Z  K  S  A  N  I  B  R  U  T  S
O  P  E  O  V  D  H  O  X  Ó  L  E  S  E  I  D
M  C  T  C  M  Í  R  L  J  T  E  J  N  T  A  V
B  H  L  I  T  U  A  Ó  Í  O  C  U  Ó  T  R  A
U  R  Z  R  R  R  J  N  G  F  S  A  I  Z  O  P
S  Q  S  T  C  O  Ó  O  Y  E  T  Í  C  A  T  O
T  M  Q  C  S  L  X  N  D  L  N  P  A  U  O  R
I  A  N  É  T  A  A  O  D  B  T  O  N  J  M  L
B  N  B  L  E  C  Í  B  A  A  J  R  I  N  C  Í
L  D  T  E  E  K  M  R  J  V  L  T  M  N  O  S
E  C  A  Í  R  E  T  A  B  O  U  N  A  E  A  O
N  R  I  I  Q  Z  X  C  S  N  Q  E  T  W  X  D
G  A  S  O  L  I  N  A  T  E  U  Y  N  Í  D  I
N  U  C  L  E  A  R  O  Í  R  I  U  O  D  J  Q
I  N  D  U  S  T  R  I  A  K  J  G  C  W  L  V
```

BATERÍA
GASOLINA
COMBUSTIBLE
DIESEL
ELÉCTRICO
ELECTRÓN
ENTROPÍA
FOTÓN
RENOVABLE
INDUSTRIA

CARBONO
MOTOR
NUCLEAR
VAPOR
TURBINA
CONTAMINACIÓN
CALOR
HIDRÓGENO
VIENTO
SOL

53 - Familie

```
F  V  I  X  Z  R  X  L  B  S  N  E  Í  G  M  U
S  A  E  N  U  I  P  J  V  O  I  R  P  G  K  S
D  Í  U  Z  F  C  Í  X  O  B  Ñ  Q  T  Í  A  X
P  V  B  L  A  A  J  I  H  R  O  Í  T  G  N  I
I  P  A  D  R  E  N  A  Z  I  S  J  V  V  I  W
S  O  B  R  I  N  O  C  V  N  Y  Y  M  A  Ñ  F
D  N  T  Y  H  Q  Q  D  I  A  U  I  X  N  O  H
E  A  L  E  U  B  A  W  M  A  X  P  G  T  L  U
S  M  G  E  M  E  L  O  S  A  O  Q  E  E  E  B
P  R  U  I  H  P  T  G  O  Í  D  H  K  P  U  U
O  E  R  S  V  A  A  N  B  I  I  R  U  A  B  H
S  H  L  U  N  K  W  T  V  O  R  H  E  S  A  B
A  N  A  M  R  E  H  T  E  I  A  M  K  A  H  V
Z  P  Q  W  L  V  O  Y  Í  R  M  W  O  D  O  R
K  E  L  L  W  K  Í  J  I  C  N  Y  G  O  N  C
G  J  V  B  O  X  W  I  H  L  I  O  T  E  I  N
```

HERMANO	SOBRINA
HIJA	TÍO
ABUELA	ABUELO
INFANCIA	TÍA
NIÑO	GEMELOS
NIÑOS	PADRE
NIETO	PATERNO
MARIDO	ANTEPASADO
MADRE	ESPOSA
SOBRINO	HERMANA

54 - Gebouwen

```
T D H U N I V E R S I D A D W H
Y D T A N I B A C D I S L Y U O
L G U D C W H K W C M N E L O S
U Y V A C I R B Á F Í N U I T P
P A X J T W J Z Q H T E C E N I
H F J A U E N I C Z O A S Y E T
U O P B N M A V I H R Í E W M A
J Z T M C U P T N A R H J T A L
A Z H E O S N K R V E X R Z T Y
T J H U L E L Í S O R E N A R G
A C T D A O L L I T S A C J A S
P J O B S E R V A T O R I O P N
V U N C A R P A T P E B R L A U
E S T A D I O W B Q I U J T R E
L A B O R A T O R I O Q Í W W D
B F Í D S G J A C G D A B I I J
```

EMBAJADA	OBSERVATORIO
APARTAMENTO	ESCUELA
CINE	GRANERO
GRANJA	ESTADIO
CABINA	CARPA
FÁBRICA	TEATRO
HOTEL	TORRE
CASTILLO	UNIVERSIDAD
LABORATORIO	HOSPITAL
MUSEO	

55 - Kunst

```
K  N  Ó  I  C  I  S  O  P  M  O  C  E  C  S  X
H  Ó  M  L  S  L  M  Z  Q  O  Q  Z  H  D  O  A
O  I  I  E  A  P  O  E  S  Í  A  Q  O  R  C  V
C  S  X  A  P  W  O  Z  P  A  U  M  O  P  T  H
R  E  T  R  A  T  A  R  F  K  O  J  D  Q  E  O
O  R  O  H  C  H  S  E  C  O  M  P  L  E  J  O
M  P  L  O  I  F  W  L  C  G  F  L  A  V  O  M
U  X  L  N  M  I  B  A  U  R  I  Y  N  M  R  S
H  E  I  E  Á  S  N  U  Z  W  G  W  O  L  I  I
C  Z  C  S  R  R  F  S  Y  J  U  K  S  I  G  L
T  R  N  T  E  Z  A  I  P  P  R  U  R  W  I  A
B  S  E  O  C  O  I  V  K  I  A  M  E  T  N  E
M  H  S  A  R  U  T  N  I  P  R  C  P  X  A  R
I  D  K  Y  R  I  K  S  D  T  J  A  Í  X  L  R
I  E  E  S  C  U  L  T  U  R  A  B  D  N  M  U
S  Í  M  B  O  L  O  V  V  K  F  L  T  O  U  S
```

ESCULTURA
COMPLEJO
CREAR
SENCILLO
HONESTO
FIGURA
INSPIRADO
HUMOR
CERÁMICA
TEMA

ORIGINAL
PERSONAL
POESÍA
RETRATAR
COMPOSICIÓN
PINTURAS
SURREALISMO
SÍMBOLO
EXPRESIÓN
VISUAL

56 - Beroepen #1

```
F O C I S Ú M M M G E X I O D M
R D C U V K P O R E N A T N O F
B A N Q U E R O W M F X X X C X
H G Í J M N O K D B E P K X I J
M O R E Y O J H V A R I D O E Z
N B A Y M G O P N J M A O C N U
F A L Q V O M G W A E N C I T R
P S I C Ó L O G O D R I T T Í Y
C E A C D Ó N S Z O A S O U F J
D O B A E E Ó M G R U T R É I I
I Z Í N Z G R O D A Z A C C C Y
G J U K R A T E L T A H F A O E
H Y N A A M S H I W R E B M I T
H L R Z A G A J E D I T O R K Z
V E T E R I N A R I O J T A W Í
C A R T Ó G R A F O M D Í F C K
```

ABOGADO
EMBAJADOR
FARMACÉUTICO
ASTRÓNOMO
ATLETA
BANQUERO
CARTÓGRAFO
BAILARÍN
VETERINARIO
DOCTOR

EDITOR
GEÓLOGO
CAZADOR
JOYERO
FONTANERO
MÚSICO
PIANISTA
PSICÓLOGO
ENFERMERA
CIENTÍFICO

57 - Antarctica

```
C T R O D A G I T S E V N I T D
E O E H X J Y L K E X D L Y P P
R C N M R N Y W A I S L A S G I
S I Ó T P Í X Q Í C I E Í E A N
T F I Y I E R P H E I D O B A G
X Í C H V N R R A P A A C U A Ü
X T A U R L E A B S G C R N L I
G N R L O K Z N T E K E E U N
B E G W S Z H H T U Q Q J J S O
A I I E O L E I H E R N B Í N S
G C M Q C P D I J Z W A S Z Í O
U N X C O N S E R V A C I Ó N Í
A Í F A R G O P O T Z B D L E E
M I N E R A L E S B M J K A P J
G E O G R A F Í A A H T C D H G
Í B Z M E X P E D I C I Ó N A F
```

BAHÍA
CONSERVACIÓN
CONTINENTE
ISLAS
EXPEDICIÓN
GEOGRAFÍA
GLACIARES
HIELO
MIGRACIÓN
MINERALES

INVESTIGADOR
PINGÜINOS
ROCOSO
PENÍNSULA
ESPECIE
TEMPERATURA
TOPOGRAFÍA
AGUA
CIENTÍFICO
NUBES

58 - Ballet

```
P E M G E N O L D R A Z H A C C
Y B N Ú D S O J R D U Q M G O O
B A A S S D T Y B X D E N R R M
T I R H A C R I D H I T O A E P
M L T A R Y U B L Y E F P C O O
E A Í B I T O L V O N M E I G S
C R S I T B V J O Z C D I A R I
B I T L M C I W Q S I A R D A T
G N I I O H S H N O A D A O F O
E A C D S L E T É C N I C A Í R
S A O A U X R A H T W S I C A I
T U F D A P P I Y U N T I U G
O Í V J L Í X A H I I E C S R Z
D E B C P U E V V L X T Á Ú U T
B A I L A R I N E S H N R M O E
O R Q U E S T A A U H I P L Í W
```

APLAUSO

ARTÍSTICO

BAILARINA

COREOGRAFÍA

COMPOSITOR

BAILARINES

EXPRESIVO

GESTO

INTENSIDAD

MÚSICA

ORQUESTA

PRÁCTICA

AUDIENCIA

ENSAYO

RITMO

AGRACIADO

MÚSCULOS

ESTILO

TÉCNICA

HABILIDAD

59 - Fruit

```
K  C  R  F  P  O  R  U  H  T  B  C  Y  H  G  A
R  I  X  A  A  B  A  Y  A  Z  E  R  E  C  N  L
U  V  W  W  P  X  V  Q  E  F  P  I  Ñ  A  E  I
U  K  U  I  A  M  U  T  L  M  T  R  D  Q  C  M
I  D  T  L  Y  Q  E  N  A  R  A  N  J  A  T  Ó
V  C  X  A  A  S  K  L  X  O  P  Í  F  N  A  N
A  G  U  A  C  A  T  E  Ó  G  E  H  R  A  R  H
P  L  Á  T  A  N  O  N  K  N  R  V  A  Z  I  I
Q  M  C  M  A  W  U  Ó  O  A  A  A  M  N  N  U
K  F  W  Q  I  V  Z  T  X  M  L  B  B  A  A  D
A  L  B  A  R  I  C  O  Q  U  E  Q  U  M  A  F
C  W  V  F  Q  R  T  C  F  M  U  M  E  Í  E  S
C  O  G  Q  J  S  V  O  D  V  R  Í  S  G  S  L
B  T  C  K  E  M  Q  L  R  M  I  V  A  Í  C  D
T  B  X  O  H  T  B  E  G  E  C  K  X  K  I  A
Z  Z  H  B  C  E  X  M  X  N  J  Z  S  D  W  J
```

ALBARICOQUE	KIWI
PIÑA	COCO
MANZANA	MANGO
AGUACATE	MELÓN
PLÁTANO	NECTARINA
BAYA	NARANJA
LIMÓN	PAPAYA
UVA	PERA
FRAMBUESA	MELOCOTÓN
CEREZA	CIRUELA

60 - Engineering

```
K C E M I C F G O O C M E C P U
M Z G A S A Á U P B I O S O R U
B A L D Q E J N E J E T T N O R
D I A G R A M A G R V O R S F J
F R I C C I Ó N B U Z R U T U L
M P W Z Y L K W C X L A C R N M
N O R T E M Á I D I E O T U D E
J V V U Í V T V Z D S R U C I D
D A D I L I B A T S E Z R C D I
V C F Q M M B K E L I D A I A C
N E L A N I U Q Á M D G I Ó D I
N D G B K O E V Z F H C N N Z Ó
E N E R G Í A N Ó I C A T O R N
Q W V P T D I U T C Á L C U L O
I U G Z T N E G I O D I U Q Í L
F C O U H P R O P U L S I Ó N R
```

EJE
CÁLCULO
MOVIMIENTO
CONSTRUCCIÓN
DIAGRAMA
DIÁMETRO
PROFUNDIDAD
DIESEL
ENERGÍA
ÁNGULO

FUERZA
MÁQUINA
MEDICIÓN
MOTOR
ROTACIÓN
ESTABILIDAD
ESTRUCTURA
LÍQUIDO
PROPULSIÓN
FRICCIÓN

61 - Literatuur

```
Q  O  J  Y  C  T  K  L  G  T  O  Q  A  B  T  E
N  P  Í  W  M  T  C  P  A  F  H  W  N  I  N  S
C  I  V  T  C  T  I  O  E  E  O  K  Á  O  O  T
S  N  Q  A  T  O  D  C  É  N  A  W  L  G  V  I
J  I  N  M  N  M  E  I  A  O  M  T  I  R  E  L
N  Ó  K  I  J  A  P  T  K  T  E  F  S  A  L  O
Ó  N  A  R  B  M  L  É  O  W  T  I  I  F  A  T
I  X  Í  O  S  E  T  O  E  K  D  C  S  Í  R  R
S  Í  X  T  A  O  Í  P  G  R  S  C  N  A  O  A
U  O  I  U  E  P  Í  L  R  Í  Y  I  A  A  F  G
L  G  Q  A  H  Q  M  A  V  T  A  Ó  R  X  Á  E
C  O  M  P  A  R  A  C  I  Ó  N  N  N  R  T  T  D
N  L  P  C  E  O  C  J  L  Q  Í  T  A  H  E  I
O  Á  S  K  K  M  L  K  D  N  X  T  D  Y  M  A
C  I  K  C  O  B  U  Y  H  T  T  Í  O  B  N  W
V  D  D  W  R  J  Í  H  Í  Z  E  F  R  H  K  N
```

ANALOGÍA
ANÁLISIS
ANÉCDOTA
AUTOR
BIOGRAFÍA
CONCLUSIÓN
DIÁLOGO
FICCIÓN
POEMA
OPINIÓN

METÁFORA
POÉTICO
RIMA
RITMO
NOVELA
ESTILO
TEMA
TRAGEDIA
COMPARACIÓN
NARRADOR

62 - Boeken

```
M  F  V  A  I  R  O  T  S  I  H  B  H  W  H  X
U  K  J  C  A  N  Ó  I  C  C  E  L  O  C  U  F
J  H  V  I  H  V  V  M  U  H  P  G  V  P  M  Y
T  R  Á  G  I  C  O  E  L  R  D  M  Q  E  O  X
N  O  V  E  L  A  V  M  N  R  M  N  I  R  R  A
K  C  O  N  T  E  X  T  O  T  M  Q  Í  T  Í  U
D  U  A  L  I  D  A  D  Z  X  I  F  C  I  S  T
B  L  U  P  T  A  Í  S  E  O  P  V  I  N  T  O
P  Á  G  I  N  A  V  E  X  M  G  U  O  E  I  R
I  I  P  O  E  M  A  E  S  M  K  D  L  N  C  O
K  G  Z  V  C  S  P  X  N  C  L  A  K  T  O  T
L  I  T  E  R  A  R  I  O  T  R  S  J  E  H  C
H  I  S  T  Ó  R  I  C  O  A  U  I  A  Z  P  E
V  A  G  O  E  P  O  P  E  Y  A  R  T  O  J  L
A  L  H  N  A  R  R  A  D  O  R  G  A  O  I  B
Q  A  V  M  V  S  D  K  W  H  Z  O  O  T  C  O
```

AUTOR
AVENTURA
PÁGINA
COLECCIÓN
CONTEXTO
DUALIDAD
EPOPEYA
POEMA
ESCRITO
HISTÓRICO

HUMORÍSTICO
INVENTIVO
LECTOR
LITERARIO
POESÍA
PERTINENTE
NOVELA
TRÁGICO
HISTORIA
NARRADOR

63 - Meer Informatie

```
O  S  E  Q  C  L  Q  Z  R  G  E  F  Í  Í  Y  B
H  R  H  S  I  A  H  U  O  M  E  R  T  X  E  P
G  G  Á  B  N  Y  J  K  B  Í  Y  B  O  Q  M  L
I  G  X  C  E  A  Í  P  O  T  S  I  D  S  U  A
T  Q  A  W  U  Z  Í  Í  T  L  Z  Í  R  L  N  N
E  G  V  O  L  L  K  I  S  O  R  B  I  L  D  E
S  T  I  V  M  B  O  U  T  O  P  Í  A  O  O  T
C  I  M  O  C  I  T  S  Á  T  N  A  F  O  Y  A
E  N  Y  K  A  T  S  I  R  U  T  U  F  X  O  T
N  Ó  I  S  U  L  I  T  G  A  L  A  X  I  A  S
A  Í  G  O  L  O  N  C  E  T  F  M  H  U  R  I
R  S  E  E  H  H  I  S  C  R  G  U  U  B  B  L
I  A  V  Z  A  C  T  G  O  Í  I  Z  E  G  F  A
O  E  X  P  L  O  S  I  Ó  N  Q  O  T  G  M  E
I  M  A  G  I  N  A  R  I  O  H  C  S  K  O  R
K  D  I  E  E  Y  B  M  S  U  H  H  Í  O  Z  K
```

CINE	MISTERIOSO
LIBROS	ORÁCULO
FUEGO	PLANETA
IMAGINARIO	REALISTA
DISTOPÍA	ROBOTS
EXPLOSIÓN	ESCENARIO
EXTREMO	GALAXIA
FANTÁSTICO	TECNOLOGÍA
FUTURISTA	UTOPÍA
ILUSIÓN	MUNDO

64 - Regenwoud

```
A N F I B I O S I N S E C T O S
P W A N T N B O T Á N I C O T T
I R Z W J Ó C O M U N I D A D D
N P E E V I M A M Í F E R O S M
D Á L S Í C A J R O C U Y D P D
Í J A C E A Z O B E H W D Z T Y
G A R L V R D A D I S R E V I D
E R U I A U V N A P C P P C M S
N O T M L A D A V V G Y E M L E
A S A A I T B K C L F C E T P L
W K N R O S V B C I R M T S O V
Q N O N S E N I V R Ó H Z K B A
Y W F N O R M U S G O N V A Y J
K E S P E C I E J R E F U G I O
S U P E R V I V E N C I A I M N
R N P L W S C N U B E S X M V G
```

ANFIBIOS
PRESERVACIÓN
BOTÁNICO
DIVERSIDAD
COMUNIDAD
INDÍGENA
INSECTOS
SELVA
CLIMA
MUSGO

NATURALEZA
SUPERVIVENCIA
RESPETO
RESTAURACIÓN
ESPECIE
REFUGIO
PÁJAROS
VALIOSO
NUBES
MAMÍFEROS

65 - Haartypes

```
S O O V X Y R B H O K A S U C N
A U D O Q F C N Í G Y Z T T O E
E W A D A G L E D U U S O S R G
B C Z V V Y O P O C E S X J T R
M N N K E L B A D U L A S R O O
H A E A A G R T U U C C R I C C
D P R Q U R L A L C S P I Z A O
Z O T R J I S L L Q Q F O A L L
S T I D Ó S I P E Q Q T J D V O
R I Z O S N E Q B C B X V O O R
L R U B I O L X A Í B D G J Y E
A P J D S J X Q C D E L I S W A
R T K A X M F W S V B P A C A D
G N N C Z O B B G M V J A N H O
O B S X K W J K I I Q L A C C Y
G R U E S O D A L U D N O G S O
```

RUBIO	CABELLUDO
MARRÓN	CALVO
GRUESO	CORTO
SECO	RIZOS
DELGADA	RIZADO
COLOREADO	LARGO
TRENZADO	BLANCO
SALUDABLE	SUAVE
ONDULADO	PLATA
GRIS	NEGRO

66 - Stad

```
S F W C W A Q S E E P B B I K P
B L U N I V E R S I D A D H B D
R O D A C R E M R E P U S J A K
L R R G U R C I N E Y E J X M I
M I K T X J Y B S G P L I X A K
E S Y F A J K K O Í E Y T E Í L
S T Y M M E Í M C W M E F W R I
T A D N E I T V A L E U C S E B
A Í R E D A N A P E Í W E U L R
D F A R M A C I A T B N K A A E
I L G O Í F Y U Í O A N I T G R
O O Z O Í S V B G H N D N C Í Í
B I B L I O T E C A C X F J A A
O P Y O F W O F G L O E S U M W
R S P Q U S A H V S O H V F W Q
A E R O P U E R T O D A C R E M
```

FARMACIA	CLÍNICA
PANADERÍA	AEROPUERTO
BANCO	MERCADO
BIBLIOTECA	MUSEO
CINE	ESCUELA
FLORISTA	ESTADIO
LIBRERÍA	SUPERMERCADO
ZOO	TEATRO
GALERÍA	UNIVERSIDAD
HOTEL	TIENDA

67 - Creativiteit

```
E  A  U  T  E  N  T  I  C  I  D  A  D  K  I  V
E  X  W  N  K  I  N  T  U  I  C  I  Ó  N  N  I
S  I  P  I  N  S  P  I  R  A  C  I  Ó  N  V  S
P  N  I  R  K  E  D  Q  U  U  A  Í  L  K  E  I
O  T  M  B  E  T  A  Z  Q  C  R  J  T  I  N  O
N  E  A  T  X  S  D  S  Z  L  T  L  O  H  T  N
T  N  G  T  B  E  I  N  Z  A  Í  P  C  R  I  E
Á  S  I  T  D  N  L  Ó  Z  R  S  U  I  I  V  S
N  I  N  O  Y  O  A  I  N  I  T  E  T  M  O  B
E  D  A  R  D  I  T  C  E  D  I  J  Á  O  R  C
O  A  C  E  L  C  I  A  R  A  C  T  M  X  M  D
S  D  I  D  O  O  V  S  E  D  O  E  A  Í  H  W
E  X  Ó  M  Í  M  R  N  Ó  I  S  E  R  P  M  I
J  R  N  Í  H  E  U  E  H  E  I  Z  D  C  I  I
F  L  U  I  D  E  Z  S  V  E  O  X  M  Z  Z  C
I  M  A  G  E  N  H  A  B  I  L  I  D  A  D  I
```

ARTÍSTICO
IMAGEN
DRAMÁTICO
AUTENTICIDAD
EMOCIONES
SENSACIÓN
CLARIDAD
IMPRESIÓN
INSPIRACIÓN
INTENSIDAD

INTUICIÓN
INVENTIVO
ESPONTÁNEO
EXPRESIÓN
HABILIDAD
IMAGINACIÓN
VISIONES
VITALIDAD
FLUIDEZ

68 - Natuur

```
T  C  B  E  L  L  E  Z  A  R  D  Y  A  R  Y  V
J  R  S  T  D  J  U  X  L  M  Í  D  N  E  Y  B
A  S  O  R  P  Y  Q  A  B  C  D  O  I  F  S  N
Q  L  D  P  N  F  S  D  E  H  D  I  M  U  N  K
Q  K  A  H  I  P  O  R  I  M  K  R  A  G  B  V
H  F  L  F  M  C  B  S  N  I  F  A  L  I  Á  Q
E  D  I  S  Q  K  A  U  S  P  O  U  E  O  R  N
C  U  T  W  V  Z  E  L  F  R  I  T  S  B  T  Z
A  E  N  D  I  N  Á  M  I  C  O  N  W  Z  I  X
Q  U  A  G  L  A  C  I  A  R  Í  A  L  E  C  B
A  H  C  Q  A  E  O  T  R  E  I  S  E  D  O  B
H  N  A  G  W  K  N  S  A  L  V  A  J  E  E  Í
V  I  T  A  L  J  E  J  A  L  L  O  F  Q  O  Y
A  B  E  J  A  S  R  D  Í  I  W  G  K  A  U  L
K  X  Q  V  Q  S  E  B  U  N  V  L  E  U  R  K
Q  A  U  N  Ó  I  S  O  R  E  C  Z  J  Z  E  A
```

ÁRTICO	NIEBLA
ABEJAS	RÍO
BOSQUE	BELLEZA
ANIMALES	REFUGIO
DINÁMICO	SERENO
EROSIÓN	TROPICAL
FOLLAJE	VITAL
GLACIAR	SALVAJE
SANTUARIO	DESIERTO
ACANTILADOS	NUBES

69 - Zoogdieren

```
N R V X N Í N M C W X T Z Í J N
C C A S T O R R O A P C P U I C
R O R R U B X N B N N Ó E L R Y
W R Y C A M E L L O O G U U A E
L R D O T C B J D T L C U P F F
O O T J T Y E N Y A L F B R A H
B Z E E P E V B N G A D B N O G
O I V N D E L F Í N B T O R O O
W Y Z O X T Q O S S A B E Í E R
V H W C P N I D I F C U P Í A I
E Y R Z H A N E L L A B E T J L
R V M Y T F J H Q R K E R U U A
R B W V Y E C A B R A I R H X P
B P I S Y L Q U F T M E O G W Y
D H U N D E N U T D W O Y H K S
K Í N B U U Y F K F R C N D D G
```

MONO
CASTOR
COYOTE
DELFÍN
BURRO
CABRA
JIRAFA
GORILA
PERRO
CAMELLO

CANGURO
GATO
CONEJO
LEÓN
ELEFANTE
CABALLO
TORO
ZORRO
BALLENA
LOBO

70 - Overheid

```
V  C  N  Ó  I  S  U  C  S  I  D  O  J  B  C  P
B  N  G  T  L  N  Í  W  X  T  L  U  A  F  O  O
D  Ó  K  X  A  F  B  M  K  T  W  K  B  X  N  L
A  I  S  B  Y  L  W  U  B  G  J  F  Q  J  S  Í
T  C  S  A  I  C  A  R  C  O  M  E  D  U  T  T
R  A  K  C  E  G  G  Í  U  C  L  Y  D  S  I  I
E  N  R  R  U  S  D  T  P  I  A  O  E  T  T  C
B  M  M  I  P  R  T  Í  P  V  I  J  R  I  U  A
I  L  Í  D  E  R  S  A  T  I  C  Z  E  C  C  D
L  D  I  A  R  W  B  O  D  L  I  X  C  I  I  I
N  A  C  I  O  N  A  L  D  O  D  P  H  A  Ó  S
Í  Z  W  T  K  O  T  N  E  M  U  N  O  M  N  T
C  I  U  D  A  D  A  N  Í  A  J  W  S  K  P  R
E  U  E  B  H  S  H  L  E  Y  K  H  V  F  Z  I
I  G  U  A  L  D  A  D  S  E  K  L  H  B  V  T
P  M  F  N  M  X  J  K  X  G  O  X  I  U  B  O
```

CIUDADANÍA	NACIÓN
CIVIL	NACIONAL
DEMOCRACIA	POLÍTICA
DISCUSIÓN	DERECHOS
IGUALDAD	ESTADO
JUDICIAL	SÍMBOLO
JUSTICIA	DISCURSO
CONSTITUCIÓN	LIBERTAD
LÍDER	LEY
MONUMENTO	DISTRITO

71 - Geografie

```
Z  J  W  R  A  O  P  V  R  S  G  I  X  M  X  N
A  L  T  I  T  U  D  A  D  U  I  C  S  S  A  A
F  M  N  D  O  J  I  R  L  A  Q  C  A  R  B  R
D  O  I  R  E  F  S  I  M  E  H  M  V  N  H  U
A  N  C  O  T  C  I  S  L  A  Q  B  M  O  M  S
E  T  P  D  S  Q  O  O  C  É  A  N  O  R  N  N
Y  A  T  A  P  A  M  N  R  Í  O  G  G  T  V  G
A  Ñ  F  U  Í  W  V  W  T  N  Ó  I  G  E  R  D
R  A  F  C  G  S  E  I  L  I  U  A  F  T  P  S
R  F  K  E  C  A  C  Í  U  H  N  S  W  S  D  H
K  P  G  M  R  L  M  E  Y  C  C  E  D  E  Í  M
H  L  Z  D  U  T  I  T  A  L  K  C  N  O  N  D
N  K  M  Q  Q  A  S  Q  A  M  Y  D  Í  T  M  Z
M  E  R  I  D  I  A  N  O  D  N  U  M  J  E  U
Í  K  X  J  Í  J  R  Z  R  C  Q  L  S  F  Y  R
U  W  X  W  E  V  J  Q  J  A  P  S  J  K  T  U
```

ATLAS
MONTAÑA
LATITUD
CONTINENTE
ISLA
ECUADOR
HEMISFERIO
ALTITUD
MAPA
PAÍS

MERIDIANO
NORTE
OCÉANO
REGIÓN
RÍO
CIUDAD
MUNDO
OESTE
MAR
SUR

72 - Kunstbenodigdheden

```
T  F  Í  S  J  A  R  A  M  Á  C  I  T  I  Y  P
V  Y  H  G  D  C  L  A  T  N  I  T  Í  G  Z  A
V  R  E  O  A  E  W  L  C  Z  W  D  F  J  G  S
H  I  T  G  D  I  T  A  I  U  M  E  S  A  Q  T
M  Y  E  U  I  T  P  U  N  C  A  L  L  I  S  E
M  Í  L  E  V  E  E  P  W  J  R  R  R  H  R  L
P  B  L  O  I  R  G  S  A  U  G  A  E  Z  O  E
I  C  A  Í  T  Í  A  E  A  P  Q  C  T  L  D  S
N  Ó  B  R  A  C  M  R  S  E  E  K  F  R  A  S
T  R  A  D  E  J  E  O  V  R  M  L  J  O  R  S
U  W  C  M  R  L  N  L  Á  P  I  C  E  S  R  M
R  R  A  I  C  H  T  O  Q  U  X  M  E  K  O  Z
A  J  A  W  I  J  O  C  I  L  Í  R  C  A  B  T
S  O  L  L  I  P  E  C  P  X  F  J  F  Y  W  P
O  R  Í  P  F  T  T  S  J  F  C  R  M  T  N  C
Í  T  O  Q  A  F  R  C  W  Z  P  K  J  Z  L  R
```

ACRÍLICO
ACUARELAS
CEPILLOS
CÁMARA
CREATIVIDAD
CABALLETE
BORRADOR
CARBÓN
TINTA
ARCILLA

COLORES
PEGAMENTO
ACEITE
PAPEL
PASTELES
LÁPICES
SILLA
MESA
PINTURAS
AGUA

73 - Barbecues

```
R  I  N  J  H  H  U  N  S  K  T  C  Í  K  S  Í
R  C  L  A  S  S  I  S  A  L  S  A  Z  A  A  C
W  D  G  E  I  G  Í  D  T  G  N  N  F  R  R  W
Z  B  B  D  C  X  O  M  G  T  L  Ó  Q  I  Q  M
H  A  M  B  R  E  A  G  U  A  Z  I  J  J  E  Ú
V  V  C  V  E  T  N  E  I  L  A  C  A  Y  N  S
R  E  E  T  F  W  S  E  O  L  Í  A  L  G  S  I
S  R  N  C  O  T  K  S  X  I  A  T  M  Í  A  C
A  A  A  A  U  M  N  Q  Q  R  Z  I  U  I  L  A
R  N  L  I  A  C  A  T  U  R  F  V  E  Q  A  T
U  O  Z  L  F  P  H  T  Z  A  T  N  R  A  D  N
D  Q  H  I  O  X  P  I  E  P  C  I  Z  P  A  E
R  R  T  M  R  B  Y  T  L  S  B  R  O  O  S  I
E  T  Z  A  F  R  E  H  Y  L  S  A  L  L  S  M
V  W  Z  F  I  E  Z  C  V  G  O  F  O  L  C  I
W  T  E  N  E  D  O  R  E  S  X  S  X  O  V  P
```

CENA
FAMILIA
FRUTA
PARRILLA
VERDURAS
CALIENTE
HAMBRE
POLLO
ALMUERZO
CUCHILLOS

MÚSICA
PIMIENTA
ENSALADAS
SALSA
TOMATES
CEBOLLAS
INVITACIÓN
TENEDORES
VERANO
SAL

74 - Schoonheid

```
R  J  W  T  U  G  F  O  T  O  G  É  N  I  C  O
T  I  S  L  S  I  R  C  O  L  O  R  K  X  Y  H
I  Í  Z  M  A  J  X  A  I  C  N  A  G  A  R  F
J  H  I  O  T  J  M  W  C  X  Y  G  L  E  N  F
E  V  A  U  S  Í  O  F  P  I  M  G  C  L  J  E
R  F  M  S  O  R  Q  I  I  L  A  J  E  E  K  L
A  F  A  O  T  N  A  C  N  E  S  E  H  G  S  E
S  W  Q  C  C  J  A  H  T  I  E  W  Í  A  E  G
B  B  U  I  U  A  Z  Í  A  P  V  W  Y  N  R  A
X  C  I  T  D  S  I  X  L  E  M  Í  R  T  V  N
B  I  L  É  O  N  Y  L  A  R  A  Í  G  E  I  C
X  T  L  M  R  J  O  Z  B  Í  L  Q  Í  Z  C  I
R  V  A  S  P  F  E  L  I  R  J  H  M  E  I  A
I  F  J  O  J  Í  N  P  O  O  U  Í  Q  I  O  O
G  K  E  C  K  A  J  F  S  V  Í  Z  E  D  S  O
E  S  T  I  L  I  S  T  A  E  C  H  A  M  P  Ú
```

ENCANTO
COSMÉTICOS
SERVICIOS
ELEGANTE
ELEGANCIA
FOTOGÉNICO
GRACIA
FRAGANCIA
SUAVE
PIEL

COLOR
RIZOS
PINTALABIOS
RÍMEL
PRODUCTOS
TIJERAS
CHAMPÚ
ESPEJO
ESTILISTA
MAQUILLAJE

75 - Wetenschappelijke Discip

```
M  I  N  E  R  A  L  O  G  Í  A  X  O  P  G  P
A  Í  G  O  L  O  E  U  Q  R  A  G  V  Z  R  S
C  S  F  Y  A  C  I  N  Á  T  O  B  T  S  R  I
I  N  T  O  Í  A  J  E  C  O  L  O  G  Í  A  C
M  E  G  R  M  E  C  Á  N  I  C  A  T  A  R  O
Í  U  E  H  O  F  I  S  I  O  L  O  G  Í  A  L
U  R  O  G  T  N  M  T  C  E  Q  E  W  G  Í  O
Q  O  L  N  A  A  O  Í  E  Y  J  P  X  O  G  G
O  L  O  K  N  H  G  M  N  S  R  W  K  L  O  Í
I  O  G  I  A  M  F  F  Í  P  Q  G  C  O  L  A
B  G  Í  B  P  T  W  B  Y  A  X  F  X  R  O  V
M  Í  A  Í  G  O  L  O  I  C  O  S  E  O  N  A
H  A  C  I  T  Ó  B  O  R  N  Í  J  D  E  U  E
V  A  C  I  M  Á  N  I  D  O  M  R  E  T  M  F
Q  U  Í  M  I  C  A  F  G  M  X  L  E  E  N  J
B  I  O  L  O  G  Í  A  R  L  X  J  X  M  I  M
```

ANATOMÍA
ARQUEOLOGÍA
ASTRONOMÍA
BIOQUÍMICA
BIOLOGÍA
QUÍMICA
ECOLOGÍA
FISIOLOGÍA
GEOLOGÍA
INMUNOLOGÍA

MECÁNICA
METEOROLOGÍA
MINERALOGÍA
NEUROLOGÍA
BOTÁNICA
PSICOLOGÍA
ROBÓTICA
SOCIOLOGÍA
TERMODINÁMICA

76 - Bijvoeglijke Naamwoorden

```
R K R Z I F R O K Y H K O H O H
E T R E U F Í Í V T Q A Z O P A
S S T N T B E Y S Y T U X V R M
P A S E T N A S E R E T N I O B
O L D A N W G H P E J É S T D R
N A N R L A H O U Q A N O P U I
S D O B A U T W R R V T M I C E
A O R O J M D U O I L I N R T N
B Í M X B I Á A R H A C O C I T
L D A G O K U T B A S O L S V O
E W L W U Q D B I L L D I E O Q
D O T A D O Q I Í C E A E D M H
N T O S O L L U G R O S N Q T G
C R E A T I V O V E U N T Y U T
Í F D B U Í Y F M C F A O S A W
H R S S O A B S Y K V C Z E H N
```

AUTÉNTICO
DOTADO
DESCRIPTIVO
CREATIVO
DRAMÁTICO
SALUDABLE
HAMBRIENTO
INTERESANTE
CANSADO
NATURAL

NUEVO
NORMAL
PRODUCTIVO
SOMNOLIENTO
FUERTE
ORGULLOSO
RESPONSABLE
SALVAJE
SALADO
PURO

77 - Kleding

```
C C O B F Q C Í C Z E Q Z L L G
B A S H F W A Í H D N W R U D G
R R L F P U M Q A C X C G S R J
A Y A C C S I I Q P I L Z A B B
G T T I E E S M U I O S D N Q H
C T N E J T A R E J A O C D U F
S O A S T N I G T A B M M A B R
E Y L Q Q A O N A M R B O L L F
B W E L V U N B E A I R D I U A
S U D Q A G F F X S G E A A S L
U N F U Z R P E X B O R R S A D
É O T A P A Z X J W X O E P G A
T Q L G N Ó R U T N I C S H H R
E T E R O D I T S E V J L P M T
R S E N O L A T N A P B U Y N F
X S H J H A Y Z T Q N D P X K S
```

PULSERA	PIJAMA
BLUSA	CINTURÓN
PANTALONES	FALDA
GUANTES	SANDALIAS
SOMBRERO	ZAPATO
ABRIGO	DELANTAL
CHAQUETA	CAMISA
VESTIDO	BUFANDA
COLLAR	CALCETINES
MODA	SUÉTER

78 - Vliegtuigen

```
I D A H C R O N E G Ó R D I H F
Y B I X F X M P M G L D P I V P
T A C X I Y X E G U O O L E I C
W O N P K Í A L T U R A B B F X
A T E R R I Z A J E A R V O T M
C O L R Í V E T S N G U W Ñ C R
H L U I I V P H R X E T I E O B
D I B L J A Í A L J V N L S M A
F P R M O T O R S K A E X I B T
Z T U Z B V K L C A N V J D U M
T N T K U R E X F Y J A I J S Ó
D E S C E N S O H C W E G Q T S
C O N S T R U C C I Ó N R M I F
T R I P U L A C I Ó N D F O B E
H I S T O R I A Y R N S S Z L R
D I R E C C I Ó N U F T Í X E A
```

DESCENSO	ATERRIZAJE
ATMÓSFERA	AIRE
AVENTURA	MOTOR
GLOBO	NAVEGAR
TRIPULACIÓN	DISEÑO
CONSTRUCCIÓN	PASAJERO
COMBUSTIBLE	PILOTO
HISTORIA	DIRECCIÓN
CIELO	TURBULENCIA
ALTURA	HIDRÓGENO

79 - Herbalisme

```
T  E  F  V  E  N  Í  D  R  A  J  M  E  A  H  N
Y  O  H  L  I  Z  Í  Y  O  C  J  Y  S  R  I  S
W  D  M  Y  D  A  D  I  L  A  C  O  T  O  N  X
L  L  M  I  K  V  O  A  F  H  R  E  R  M  O  X
T  E  Y  M  L  H  V  N  A  A  K  Z  A  Á  J  Z
L  N  I  A  U  L  B  A  A  B  W  L  G  T  O  R
O  E  O  R  E  M  O  R  Í  L  T  Z  Ó  I  O  U
N  K  A  R  P  D  I  O  S  A  U  D  N  C  R  W
K  O  S  A  B  O  R  J  W  X  P  M  Z  O  É  V
R  R  K  Q  L  I  J  E  R  E  P  H  Y  B  G  M
W  N  E  K  L  B  M  M  V  L  A  Y  F  Y  A  M
I  N  G  R  E  D  I  E  N  T  E  D  G  Q  N  U
C  U  L  I  N  A  R  I  O  E  J  A  A  G  O  H
Í  S  K  I  V  J  J  R  O  Y  R  I  Y  G  Í  J
Q  F  J  A  Z  A  F  R  Á  N  M  U  Í  K  S  X
U  B  I  Z  L  A  V  A  N  D  A  T  B  N  X  G
```

AROMÁTICO	LAVANDA
ALBAHACA	MEJORANA
FLOR	ORÉGANO
CULINARIO	PEREJIL
ENELDO	ROMERO
ESTRAGÓN	AZAFRÁN
VERDE	SABOR
INGREDIENTE	TOMILLO
AJO	JARDÍN
CALIDAD	HINOJO

80 - Kracht en Zwaartekracht

```
F N L P V E U K H I D N H G R F
Í I Y R A X K B S X Z S G O C Z
S D A E S P P U T F E Y O C M C
I G X S D A D I C O L E V V R G
C N G I X N Y O I M P A C T O M
A Z N Ó G S E D A D E I P O R P
Q O T N E I M I V O M E P P D U
A E Q D S Ó O I I L S J Y M I N
C S C L Í N S Q Q P K E Q E S I
I E M A G N I T U D A E P I T V
N Ó N P L A N E T A S C A T A E
Á R V T M A G N E T I S M O N R
C B Í L R F R I C C I Ó N V C S
E I Y H D O C I M Á N I D I I A
M T V K G Z S U O R S C M B A L
C A O I Q J S D S X F Q M Z Q Y
```

DISTANCIA
EJE
ÓRBITA
MOVIMIENTO
CENTRO
PRESIÓN
DINÁMICO
PROPIEDADES
PESO
IMPACTO

MAGNETISMO
MECÁNICA
FÍSICA
MAGNITUD
PLANETAS
VELOCIDAD
TIEMPO
EXPANSIÓN
UNIVERSAL
FRICCIÓN

81 - Het Bedrijf

```
O  E  L  P  M  E  V  O  S  E  R  G  O  R  P  G
V  C  C  A  L  I  D  A  D  U  E  I  N  P  D  L
I  N  V  E  R  S  I  Ó  N  N  P  N  E  R  W  O
T  J  Í  C  D  O  C  T  Z  I  U  G  G  E  V  B
A  V  P  F  C  G  V  E  I  D  T  R  O  S  P  A
E  R  O  Í  O  S  K  N  U  A  A  E  C  E  R  L
R  C  W  U  U  E  L  D  Y  D  C  S  I  N  O  V
C  V  R  W  T  I  J  E  N  E  I  O  O  T  F  P
K  R  E  N  U  R  I  N  X  S  Ó  S  W  A  E  R
X  L  F  I  V  D  Q  C  Ó  O  N  J  X  C  S  O
H  E  D  A  D  I  L  I  B  I  S  O  P  I  I  D
Z  Í  M  A  A  O  H  A  F  R  S  P  E  Ó  O  U
Í  V  C  O  H  Q  R  S  E  A  V  I  O  N  N  C
I  N  N  O  V  A  D  O  R  L  Y  X  C  J  A  T
I  N  D  U  S  T  R  I  A  A  V  J  Z  E  L  O
L  J  C  W  B  J  O  C  Q  S  Í  P  R  A  D  C
```

DECISIÓN	POSIBILIDAD
CREATIVO	PRESENTACIÓN
UNIDADES	PRODUCTO
GLOBAL	PROFESIONAL
INDUSTRIA	REPUTACIÓN
INGRESOS	RIESGOS
INNOVADOR	TENDENCIAS
INVERSIÓN	PROGRESO
CALIDAD	EMPLEO
SALARIOS	NEGOCIO

82 - Rijden

```
R A G T K T P E L I G R O F M P
B Q B D M I R Q R U D D L R F E
H W F A A N K Á L S R A U E I A
W L Í D I Y M V F D Q D Y N H T
P O L I C Í A W K I V I J O C O
M X E R N K T E R M C C K S A N
D M N U E P E L L A C O U J R A
V G Ú G C H L T O P Í L I I R L
N I T E I B C M N A M E X G E V
A X Q S L V I O Ó E P V F K T C
O K P A N C C T I J D A J U E G
Z O T G Í C O O M A V I D I R C
D Q G G M A T R A R W M C S A O
E P H D A Z O Í C A G M K C J C
T W B V D J M U L G C E Q Í A H
C O M B U S T I B L E O G Z K E
```

COCHE	POLICÍA
COMBUSTIBLE	FRENOS
GARAJE	VELOCIDAD
GAS	CALLE
PELIGRO	TÚNEL
MAPA	SEGURIDAD
LICENCIA	TRÁFICO
MOTOR	PEATONAL
MOTOCICLETA	CAMIÓN
ACCIDENTE	CARRETERA

83 - Wetenschap

```
S  P  O  B  S  E  R  V  A  C  I  Ó  N  H  G  C
N  N  A  Z  E  L  A  R  U  T  A  N  N  E  R  O
I  P  M  R  Z  W  N  I  I  M  Q  U  Q  C  A  R
S  V  I  O  T  Í  Ó  B  L  A  U  C  Y  H  V  G
E  S  L  M  C  Í  I  B  K  M  G  F  L  O  E  A
L  S  C  N  X  O  C  M  S  S  V  P  D  M  D  N
A  A  B  E  Í  Q  U  U  A  N  L  L  E  O  A  I
R  L  B  K  Í  Y  L  H  L  I  S  Ó  F  T  D  S
E  U  V  O  W  P  O  R  W  A  S  H  Á  G  M
N  C  Í  D  R  X  V  R  N  O  S  O  T  A  D  O
I  É  Í  O  S  A  E  H  I  P  Ó  T  E  S  I  S
M  L  Z  T  N  O  T  N  E  M  I  R  E  P  X  E
N  O  Z  É  N  N  I  O  C  I  M  Í  U  Q  I  P
N  M  H  M  Z  J  N  J  R  A  M  P  F  O  K  C
L  O  C  I  F  Í  T  N  E  I  C  Q  I  V  J  L
F  Í  S  I  C  A  C  F  D  T  O  Í  A  C  G  S
```

ÁTOMO	LABORATORIO
QUÍMICO	MÉTODO
PARTÍCULAS	MINERALES
EVOLUCIÓN	MOLÉCULAS
EXPERIMENTO	NATURALEZA
HECHO	FÍSICA
FÓSIL	OBSERVACIÓN
DATOS	ORGANISMO
HIPÓTESIS	CIENTÍFICO
CLIMA	GRAVEDAD

84 - Natuurkunde

```
U N I V E R S A L C K D R U J E
M E C Á N I C A S O A C N T O C
E D Í N X E H N D A D I S N E D
D E L E C T R Ó N K M M Q F Q T
G R V H G A L U M R Ó F O B V A
A I C N E U C E R F K R L T L O
Q U Í M I C O E F F L L B Z O Y
A G A S X L Z A L U C É L O M R
P A R T Í C U L A E A D D Z D F
M A G N E T I S M O R M C Z Z E
E X P E R I M E N T O A P T P V
W X V E L O C I D A D E C F U E
G R A V E D A D Á T O M O I O Y
B D T J J H Y T E V K H H P Ó K
N C Í R P S D I R Z M H M K V N
V R E L A T I V I D A D Q Y F P
```

ÁTOMO
CAOS
QUÍMICO
PARTÍCULA
DENSIDAD
ELECTRÓN
EXPERIMENTO
FÓRMULA
FRECUENCIA
GAS

MAGNETISMO
MASA
MECÁNICA
MOLÉCULA
MOTOR
RELATIVIDAD
VELOCIDAD
UNIVERSAL
ACELERACIÓN
GRAVEDAD

85 - Muziekinstrumenten

```
T A T E P M O R T Y I P M O A Y
M A I H T Í A T U A L F V A X A
X A M O U F G N O G V P M T N D
N B R B D Y T Ó D E H R L E S A
K N J I O M U B J O G F E R L W
A X I N M R N M T B L P T E G P
T I A T B G O U O O I E D U E
P I A N O T A R P R J L N N I R
Q K L V P J Z T Í W O C I A T C
V R N A R M Ó N I C A D R P A U
B A N J O Y K C G A N Q A O R S
V I O L O N C H E L O S L F R I
V I O L Í N K Z E T S R C M A Ó
O W B E F A G O T R X Y V M Q N
S A X O F Ó N T E Q A R P A P Y
O K I S C U J W A Q E A U Q Q M
```

BANJO
VIOLONCHELO
FAGOT
FLAUTA
GUITARRA
GONG
ARPA
OBOE
CLARINETE
MANDOLINA

MARIMBA
ARMÓNICA
PERCUSIÓN
PIANO
SAXOFÓN
PANDERETA
TROMBÓN
TAMBOR
TROMPETA
VIOLÍN

86 - Antiek

```
S A D E N O M Y N N O I T R S O
F U Q D A D I L A C W H K R B V
R T V Q D Z N N B B Q O J E I V
B É P R E C I O U G B V G S Z G
D N P O Í U D L U S G I C T G Í
I T H I E S H I Y Í U T Í A A E
J I S H N P C T D S D A P U L S
I C I L E T V S K I V R L R E C
S O I B H I U E N G G O I A R U
V A L O R U G R R L M C W C Í L
S U B A S T A S A O Z E S I A T
E L E G A N T E Y S P D Z Ó U U
I N V E R S I Ó N I W E A N M R
M U E B L E P A E M N I B R Y A
C O L E C C I O N I S T A T T R
V O Í A P S E O T W O I Í B L E
```

AUTÉNTICO
ESCULTURA
DECORATIVO
SIGLO
ELEGANTE
GALERÍA
INVERSIÓN
ARTE
CALIDAD
MUEBLE

MONEDAS
INUSUAL
VIEJO
PRECIO
RESTAURACIÓN
PINTURAS
ESTILO
SUBASTA
COLECCIONISTA
VALOR

87 - Activiteiten en Vrije Ti

```
G C F R F X P A R K G L G C K S
Í Y X O E A X C N R H Q S A K E
R C Y C T L O B T Ú F H I R P N
D M S A R X A C S E P F M R U D
J U L Z A V V J Í Q T A W E Z E
I L X N K M G N A V I Í Í R O R
G O L F A T S P G N I P M A C I
C T O L O B S I É B T U S S M S
Í S B S E A E N N D O E C U B M
Q E I P X G N T W E G B N X R O
D C E C O H O U L S T T K K R F
E N L B B A I R Z M V I A J E H
Í O O N Ó I C A T A N Í F X X C
Z L V L Í Q I U U W Z K H N W T
U A X Q V F F A T J L D O A Q L
J B H T Z Í A Í R E N I D R A J
```

BALONCESTO
BOXEO
BUCEO
GOLF
PESCA
AFICIONES
BÉISBOL
CAMPING
ARTE
RELAJANTE

CARRERAS
VIAJE
PINTURA
SURF
TENIS
JARDINERÍA
FÚTBOL
VOLEIBOL
SENDERISMO
NATACIÓN

88 - Koffie

```
W A N A Ñ A M Q Y A E C V D F Í
C M S P J L F P J M H N K K I O
N E A A C E X Z D A C Í L W L G
O R M Í D M D O Í R E L O M T Z
O C N Q T O L J U G L R K Y R C
O B Y I F A U G A O R G E N O B
E R Y L E U Z B E B I D A E I T
F F L I Í T H A Á C I D O V C P
Í R Q V J D D X N H F A D A E X
C Q D K Í G L U I L V R I R R G
O S G D Y C Y T J L J O U I P X
Q R A C Ú Z A S N W U M Q E M X
X W I B Z J E A Y E N A Í D P B
K S S G S L T B M E A F L A C X
J O R J E L H O U F K K R D V N
J Í Í X F N Z R C A F E Í N A Z
```

AROMA
TAZA
AMARGO
CAFEÍNA
BEBIDA
FILTRO
ASADO
MOLER
LECHE
MAÑANA

ORIGEN
PRECIO
CREMA
SABOR
AZÚCAR
VARIEDAD
LÍQUIDO
AGUA
ÁCIDO
NEGRO

89 - Boerderij #1

```
N  H  Q  B  I  R  E  B  A  Ñ  O  A  C  A  V  A
K  A  K  C  S  Y  G  H  W  O  P  M  A  C  A  R
Q  Í  O  L  L  A  B  A  C  Q  R  N  B  C  L  R
P  A  G  R  I  C  U  L  T  U  R  A  R  U  L  O
O  J  T  F  R  Z  L  V  I  H  E  U  A  E  A  Z
L  E  V  E  E  U  A  X  F  V  S  G  U  R  Í  I
L  B  H  M  R  R  B  F  T  H  I  A  X  V  W  N
O  A  C  S  Q  N  T  P  H  Í  J  N  D  O  R  G
O  D  Í  Y  R  L  E  I  M  X  Y  U  C  X  W  L
H  D  R  L  K  G  I  R  L  B  N  N  N  K  G  T
S  E  M  I  L  L  A  S  O  I  C  O  Q  R  N  Í
X  B  R  C  V  Q  B  M  T  Y  Z  V  K  C  W  K
H  V  S  Í  G  Z  M  K  B  V  C  A  F  L  Q  I
V  Q  B  E  A  S  H  F  G  Z  U  O  N  L  Q  H
H  E  N  O  T  X  D  X  Í  U  L  N  N  T  X  M
G  T  G  W  O  R  R  E  P  L  A  E  M  N  E  C
```

ABEJA	VACA
BURRO	CUERVO
CABRA	REBAÑO
VALLA	AGRICULTURA
PERRO	FERTILIZANTE
MIEL	CABALLO
HENO	ARROZ
TERNERO	CAMPO
GATO	AGUA
POLLO	SEMILLAS

90 - Huis

```
C O C I N A A H C U D Y J B M C
C H N C A C G L M P M Q S I S H
Q R Í Z Z L K A F T Y T I B R I
D R D H T H M S C O N A T Ó S M
D O R M I T O R I O M M Z Y E E
F I A B O C S E D C X B A Z S N
K U J G V E X M E I E M R U P E
T Í B O L S U E Z T B H A A E A
L E J B K C P Y Y Á E N P L J C
K O C O T A G U X K F D M L O N
J C E H Z L Z T E F B O Á A R C
Z Y E Q O E O I Q R D D L V H N
A Q R S X R M J Í N T H N X G D
T N Ó I C A T I B A H A Q S D B
P A R E D S M U E B L E V K S A
G A R A J E B I B L I O T E C A
```

ESCOBA	COCINA
BIBLIOTECA	LÁMPARA
TECHO	MUEBLE
PUERTA	PARED
DUCHA	DORMITORIO
GARAJE	ESPEJO
CHIMENEA	ALFOMBRA
VALLA	ESCALERAS
HABITACIÓN	JARDÍN
SÓTANO	ÁTICO

91 - Geometrie

```
L  Í  V  O  P  S  Í  P  E  U  F  B  F  N  L  F
T  Í  F  E  A  Í  U  E  A  C  I  G  Ó  L  H  T
Q  W  E  R  R  X  W  P  A  R  U  T  L  A  K  B
A  H  I  A  A  K  H  M  E  Y  R  A  X  E  G  O
M  A  C  L  L  D  E  J  C  R  U  V  C  Z  O  L
P  E  Y  U  E  Í  V  P  C  G  F  F  F  I  D  U
T  S  D  C  L  F  U  M  F  T  P  I  M  X  Ó  G
E  I  D  I  O  L  U  C  R  Í  S  C  N  J  N
O  M  I  D  A  C  Á  L  C  U  L  O  C  I  A  Á
R  E  Á  N  V  N  M  A  S  A  O  T  A  D  E  I
Í  T  M  E  R  D  A  F  L  Q  Y  N  I  O  Á  R
A  R  E  P  U  E  G  W  P  I  N  E  B  N  N  T
L  Í  T  R  C  V  N  Z  X  Q  Y  M  Q  R  G  Z
R  A  R  E  X  X  P  C  Y  U  F  G  H  J  U  Q
L  Y  O  P  V  P  M  L  B  S  A  E  I  E  L  O
D  I  M  E  N  S  I  Ó  N  A  C  S  X  J  O  T
```

CÁLCULO	PERPENDICULAR
CÍRCULO	MASA
CURVA	MEDIANA
DIÁMETRO	SUPERFICIE
DIMENSIÓN	PARALELO
TRIÁNGULO	SEGMENTO
ÁNGULO	SIMETRÍA
ALTURA	TEORÍA
LÓGICA	ECUACIÓN

92 - Jazz

```
G C A N C I Ó N G K A O J I J Q
E F T Z D O Y Y É Y R R S O Z K
R Í O C F L U Q N I T Q R F H E
É N F A S I S E E H I U Q Q U N
F A Ó D L T K J R J S E Z Í F H
F A O I J S S P O C T S Z D C E
S C V E C E N M Í L A T H C Q Q
C O E O O A S K O I J A B R A P
F O U N R O S U A L P A A H C Y
A M N N Ó I C I S O P M O C I X
M T X C N L T Z V Á L B U M N C
O I I G I F T O O O M Ú S I C A
S R W C K E C C S V R J H Y É V
O J E I V J R T N N A P I P T B
G Y I B X R O T I S O P M O C K
T A L E N T O C O K P N U I J U
```

ÁLBUM	MÚSICA
APLAUSO	ÉNFASIS
ARTISTA	NUEVO
FAMOSO	ORQUESTA
COMPOSITOR	VIEJO
CONCIERTO	RITMO
FAVORITOS	COMPOSICIÓN
GÉNERO	ESTILO
IMPROVISACIÓN	TALENTO
CANCIÓN	TÉCNICA

93 - Getallen

```
D U G S O N Y F T S J C D D V X
I Q N A T I Y V G G Í Í V O Í K
E S D O M R M H F J I L C C E D
C I I R Í L E C R O T A C E V U
I E E E M F T C Í C R V C X E Í
S T C C N X N J E N S T C B U D
É E I M Í K I D V I U H A G N O
I X O X P S E N E C U A E U I S
S T C G Q R V Í U J P A H D C V
M I H E T P T Q N R D G S I E S
B P O M U R R Q U I N C E E I Q
Q O O C H O E W C N N Í X Z D D
O Y Q C U U S K D R Y O Í X B K
D I E C I S I E T E Í I V A H G
H K Í T H X G Q P N V V M B U A
H E W I H S Í K O S K A G B J D
```

OCHO	DOS
DIECIOCHO	VEINTE
TRECE	CATORCE
TRES	CUATRO
UNO	CINCO
NUEVE	QUINCE
DIECINUEVE	SEIS
CERO	DIECISÉIS
DIEZ	SIETE
DOCE	DIECISIETE

94 - Boksen

```
V S E N O I S E L E E M E F T Á
H C A V M Í R X W U L Z A J S R
S A Z R E U F H F T C F P A H B
D L B L A X J A W X X H H I U I
X L R I G A B U R F M M A X O T
U I A E L N I S U Z W W X D L R
P B R X C I S T G M C O D O O O
B R T E K U D O C U B X I J R R
B A N C G Q P A P U N T O S E B
C B E A Z S S E D A A Y T E X V
I X C J G E R K R N M H P T E P
O P O N E N T E E A L R U N O A
R Á P I D O X Z C P C A Ñ A Y T
C U E R P O K R M M J I O U X E
K T O P J A G G Y A J B Ó G E A
O U K S A D R E U C O Í Í N T R
```

CODO
CENTRAR
GUANTES
RECUPERACIÓN
ESQUINA
BARBILLA
CAMPANA
FUERZA
CUERPO
PUNTOS

ÁRBITRO
PATEAR
RÁPIDO
OPONENTE
CUERDAS
EXHAUSTO
HABILIDAD
LUCHADOR
LESIONES
PUÑO

95 - Boerderij #2

```
V S H F I T U T H M U A M A L L
Í E U J R Í B O U O X G B A C X
Í H G O S U T Z E L W R L M Z B
H C I E V U T Í R I W I Y V B W
U E Í I T Z R A T N S C Q G L F
I L S J I A O M O O X U Z D K E
P H H H F R L Í G P Z L A Í C L
A S I C M U C H E A A T P M W Í
S D H T O T A P I A D O D A R P
T R B C G R Q O R R F R Z J P F
O N Z K I P D A N I M A L E S Í
R X Z A R O R E N A R G N V Q G
C K J K T U X H R B E C M O P B
C O L M E N A Y G O C E B A D A
T R A C T O R W U B O Í V V B D
I G K S I Z Z H C R H I J H U J
```

COLMENA
AGRICULTOR
HUERTO
ANIMALES
PATO
FRUTA
CEBADA
VEGETAL
PASTOR
RIEGO

CORDERO
LLAMA
MAÍZ
LECHE
OVEJA
GRANERO
TRIGO
TRACTOR
PRADO
MOLINO

96 - Psychologie

```
P E Z R N Ó I C P E C R E P C C
P E C I T A C U E M R A T I O O
S E N F O F J K D O G E N N G N
O E R S O D R E U C E R E F N F
Ñ J N S A E A V F I I L I A I L
E Í R S O M Z F Y O S Í C N C I
U U Q N A N I K K N M C S C I C
S P A Ó W C A E Z E Í F N I Ó T
T R W I P U I L N S O C O A N O
E O J C Z H M Ó I T L H C L D E
R B S A Q N V C N D O G N Í F N
A L M U K I V I F J A S I D I S
P E C L Í N I C O E V D Í Q U H
I M D A D I L A E R I H A Y L Í
A A X V I N F L U E N C I A S T
Y R M E E X P E R I E N C I A S
```

CITA
EVALUACIÓN
INCONSCIENTE
COGNICIÓN
CONFLICTO
SUEÑOS
EGO
EMOCIONES
EXPERIENCIAS
PENSAMIENTOS

SENSACIÓN
RECUERDOS
INFLUENCIAS
INFANCIA
CLÍNICO
PERCEPCIÓN
PERSONALIDAD
PROBLEMA
REALIDAD
TERAPIA

97 - Zakelijk

```
T X G I M P U E S T O S J P E C
B I O Z Y Z R U Q A D E N O M A
A Z E L B P W T R I A T M A P R
C G A N I C I F O N E R R Í R R
I X V C D A C G D V L A Í M E E
R S Q A X A D J A E P N T O S R
B E O R E N I D E R M S P N A A
Á K X T D X H B L S E A U O E J
F I N A N Z A S P I T C A C F V
C O S T O E M F M Ó R C V E Y T
T S W A R V U L E N P I K J B U
E E E O C B I C T Í G Ó G J W Í
P R E S U P U E S T O N K H O K
A G P R L K C A R E B L J A F J
K N F Z F U P G B Z D P O E U C
S I T U E O J N P M P I L E W K
```

EMPRESA
PRESUPUESTO
IMPUESTOS
CARRERA
ECONOMÍA
FÁBRICA
FINANZAS
DINERO
INGRESO
INVERSIÓN

OFICINA
DESCUENTO
COSTO
TRANSACCIÓN
MONEDA
VENTA
EMPLEADOR
EMPLEADO
TIENDA
LUCRO

98 - Voeding

```
E  E  K  V  N  Ó  I  C  A  T  N  E  M  R  E  F
L  D  G  J  D  Z  S  A  V  I  T  A  M  I  N  A
B  Í  P  Q  J  X  H  L  W  F  U  U  J  D  D  B
I  Z  Q  D  V  T  D  I  A  W  Z  M  E  I  S  P
T  S  V  U  W  D  A  D  Z  M  K  A  Q  G  O  T
S  F  D  L  I  U  P  A  I  M  U  P  Í  E  T  E
E  R  L  A  O  D  R  D  E  L  Í  E  I  S  A  Q
M  B  X  S  W  P  O  J  S  Z  N  T  C  T  R  U
O  G  R  A  M  A  B  S  A  T  E  I  D  I  D  I
C  W  P  N  H  X  A  A  L  T  C  T  W  Ó  I  L
H  O  P  Í  J  Q  S  Í  U  L  O  O  M  N  H  I
B  I  Q  E  X  J  M  R  D  O  L  X  F  N  O  B
T  N  T  T  S  M  Z  O  A  L  X  M  I  I  B  R
X  S  N  O  U  O  W  L  B  L  K  S  F  N  R  A
I  I  P  R  C  W  T  A  L  S  A  L  S  A  A  D
E  W  Í  P  G  Y  I  C  E  Í  E  G  J  I  C  O
```

AMARGO	SALUD
CALORÍAS	CARBOHIDRATOS
DIETA	CALIDAD
COMESTIBLE	SALSA
APETITO	SABOR
PROTEÍNAS	DIGESTIÓN
EQUILIBRADO	TOXINA
FERMENTACIÓN	VITAMINA
PESO	LÍQUIDOS
SALUDABLE	

99 - Chemie

```
C R C G F J S E L A T E M Í M E
A D S A J J L Y L G J D G M Z P
T M Q M R Q K O N E G Ó R D I H
A J U I C B K A Í T C C E Í Q B
L E Z Z A Í O D G V E T K X P A
I J P N Q R D N F D H O R O L C
Z S F E V O W R O I O D D Ó D L
A L U C É L O M N T I I F X N U
D F M B Z A C Y A F A C B R C P
O R E A C C I Ó N S P Á H J G E
R M Z P M T N A L C A L I N O S
Z K X G Y O Á L Í Q U I D O Í O
U B S O N E G Í X O L T G O Y R
C T E M P E R A T U R A A I O N
G Q W T A V O Z A K Q O S V V Z
H N C E T Y X Í S W Y E M W V W
```

ALCALINO	MOLÉCULA
CLORO	ORGÁNICO
ELECTRÓN	REACCIÓN
ENZIMA	TEMPERATURA
GAS	LÍQUIDO
PESO	CALOR
ION	HIDRÓGENO
CATALIZADOR	SAL
CARBONO	ÁCIDO
METALES	OXÍGENO

1 - Metingen

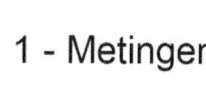
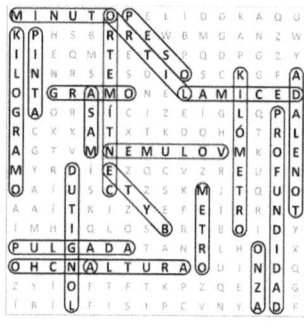

2 - Opwarming van de Aarde

3 - Keuken

4 - Boten

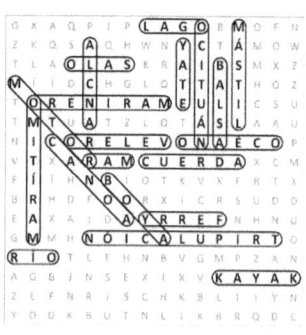

5 - Chocolade

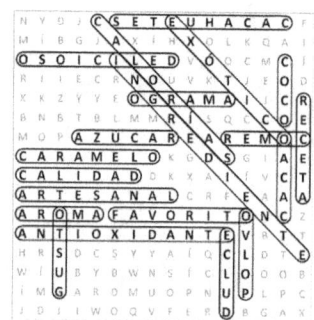

6 - Gezondheid en Welzijn #2

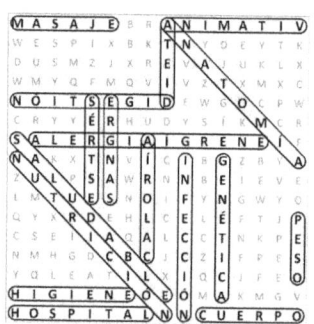

7 - Tijd

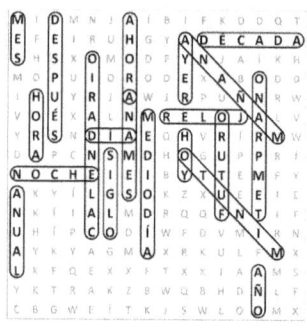

8 - Meditatie

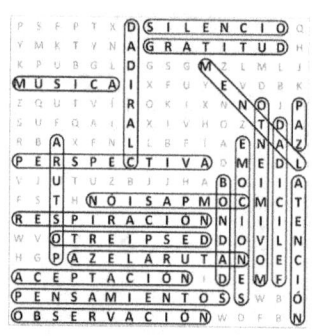

9 - Muziek

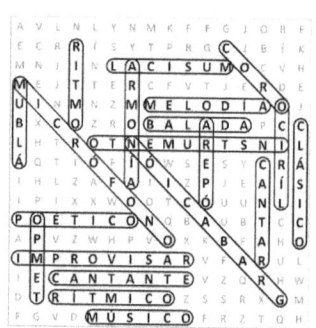

10 - Vogels

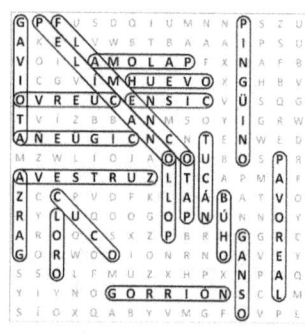

11 - Universum

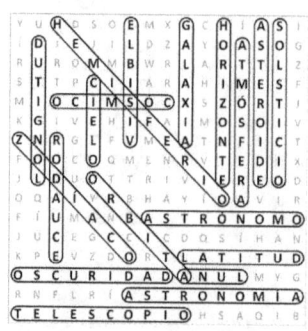

12 - Wiskunde

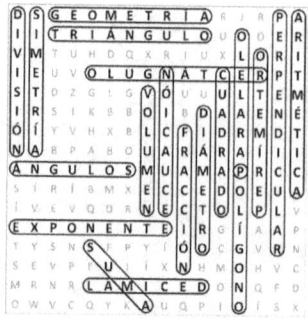

13 - Gezondheid en Welzijn #1

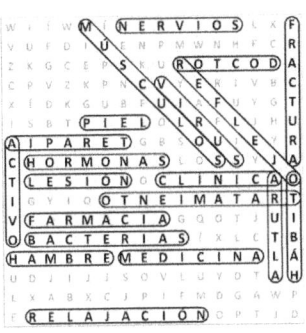

14 - Camping

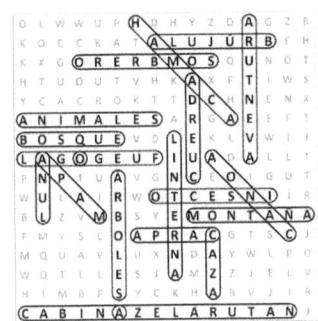

15 - Algebra

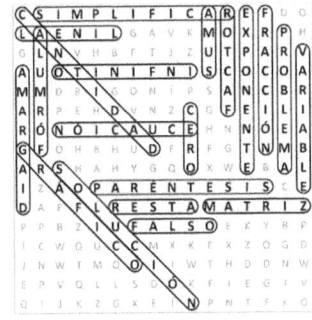

16 - Activiteiten

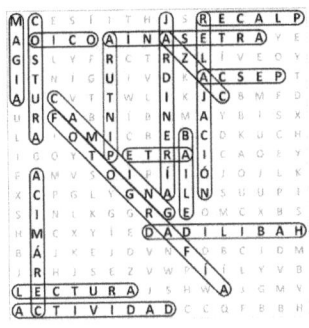

17 - Vormen

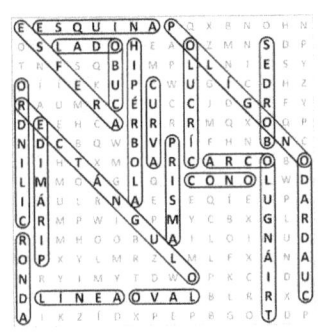

18 - Diplomatie

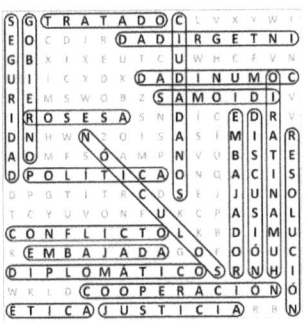

19 - Astronomie

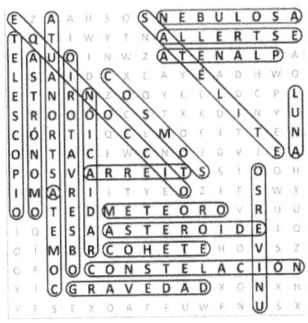

20 - Emoties

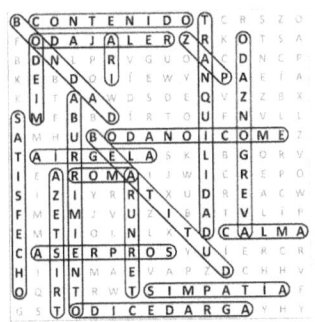

21 - Vakantie #2

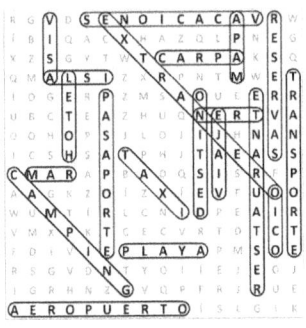

22 - Eten #2

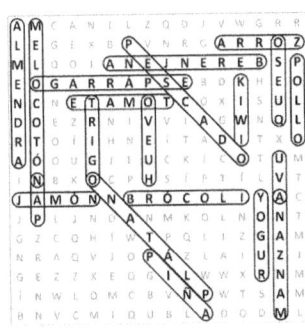

23 - Restaurant #1

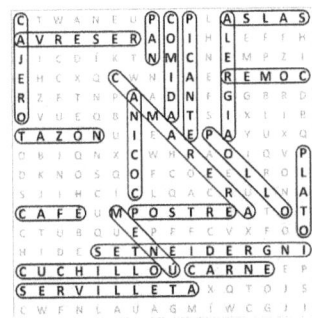

24 - Geologie

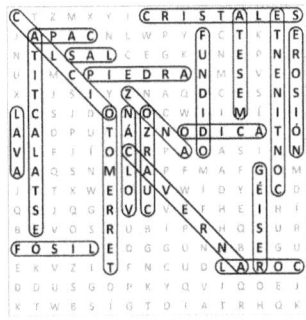

25 - Specerijen

26 - Groenten

27 - Archeologie

28 - Dans

29 - Ziekte

30 - Mythologie

31 - Eten #1

32 - Avontuur

33 - Restaurant #2

34 - De Media

35 - Bijen

36 - Wandelen

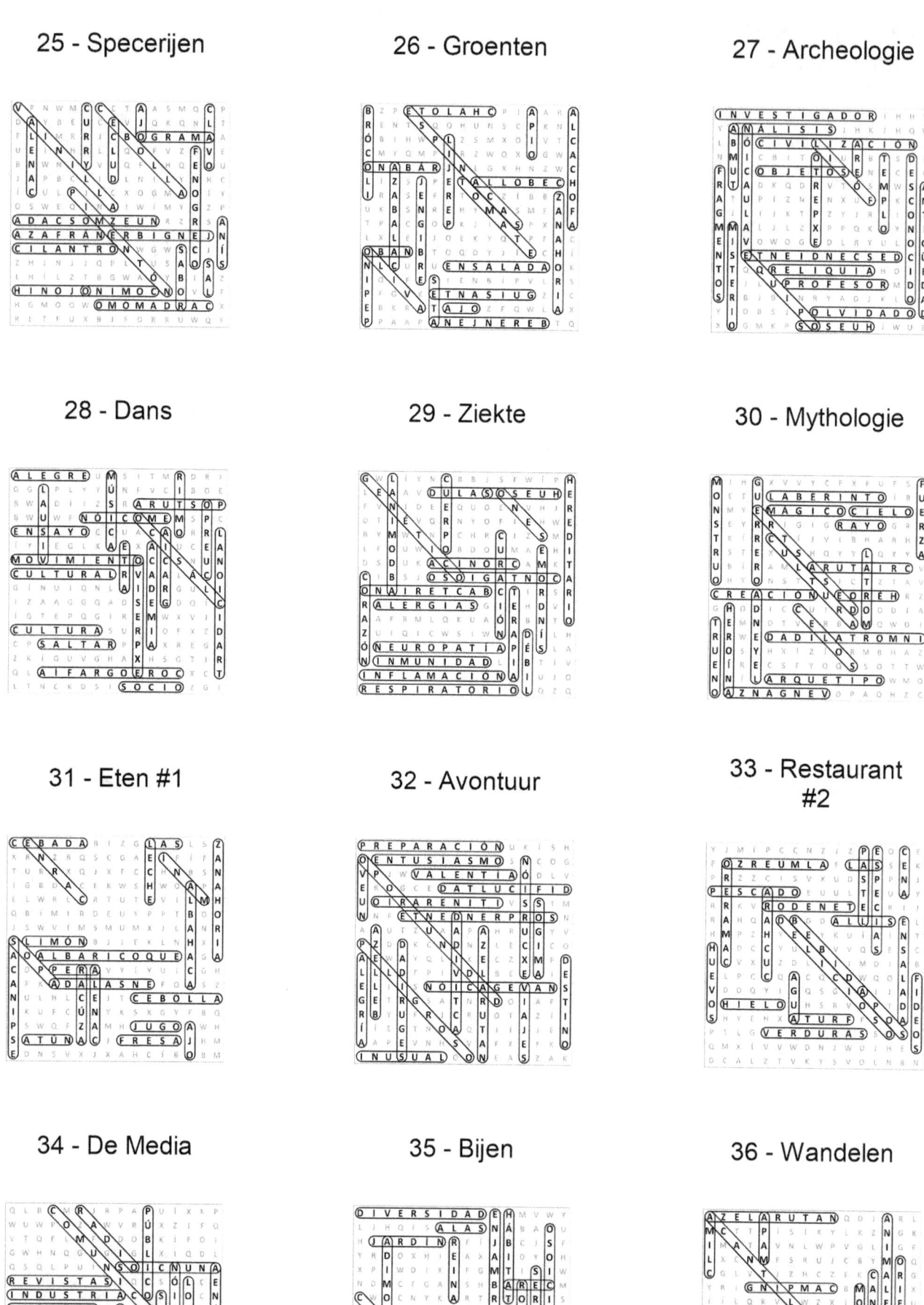

37 - Ecologie

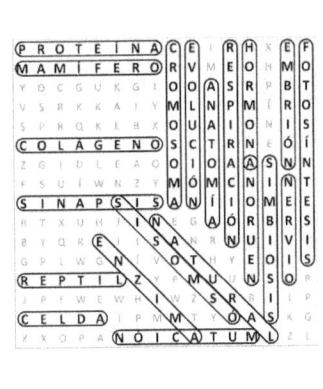

38 - Biologie

39 - Landen #1

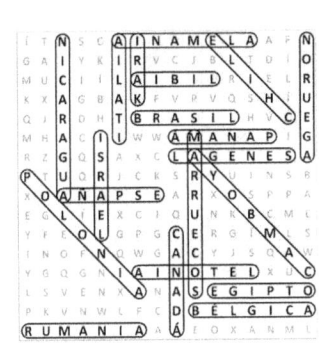

40 - Installaties

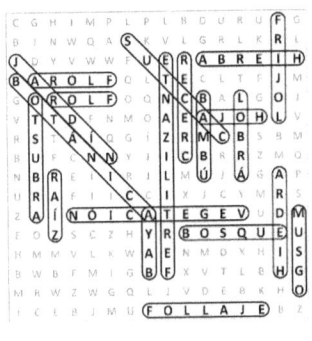

41 - Agronomie

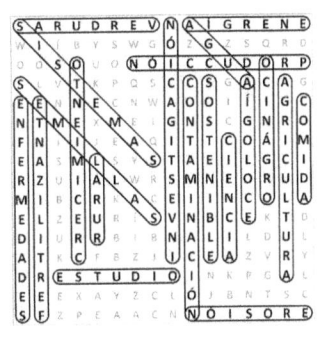

42 - Oceaan

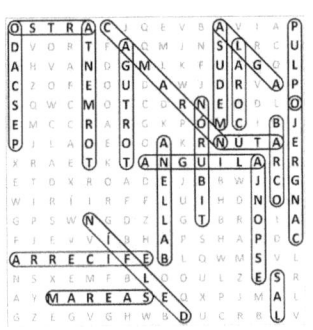

43 - Landen #2

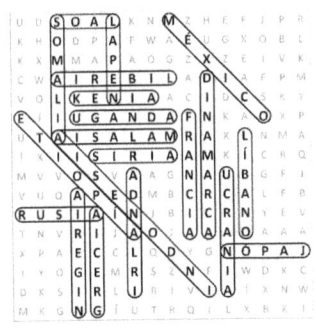

44 - Bloemen

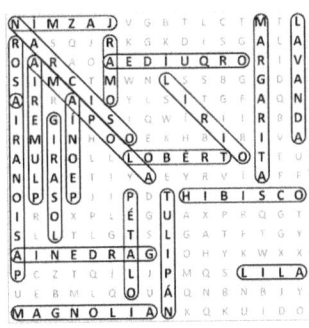

45 - Landschappen

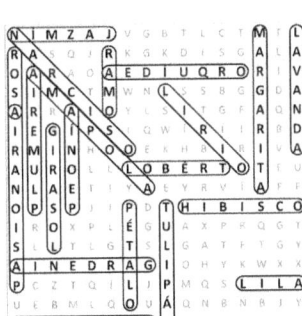

46 - Tuin

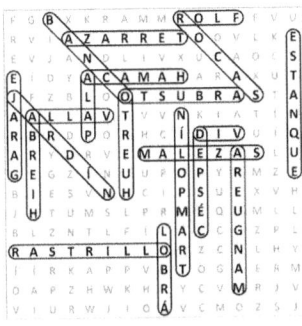

47 - Beroepen #2

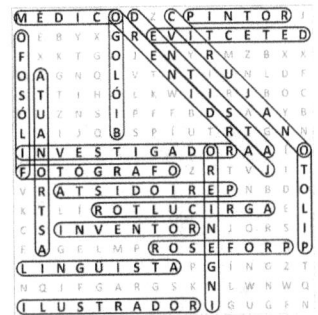

48 - Dagen en Maanden

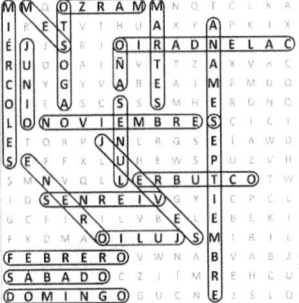

49 - Mode

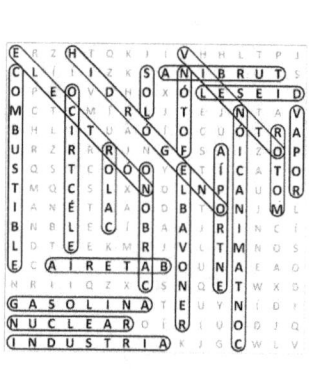

50 - Tuinieren

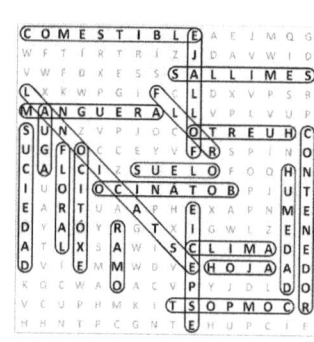

51 - Menselijk Lichaam

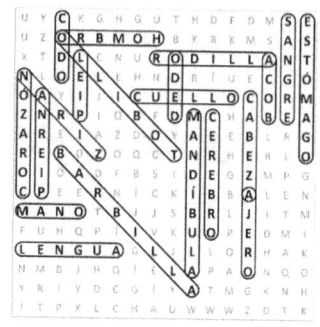

52 - Energie

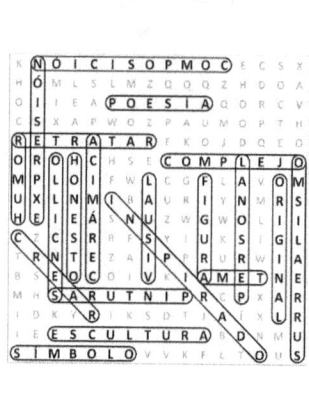

53 - Familie

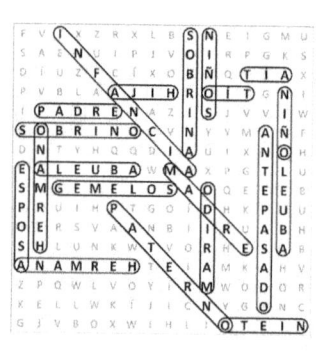

54 - Gebouwen

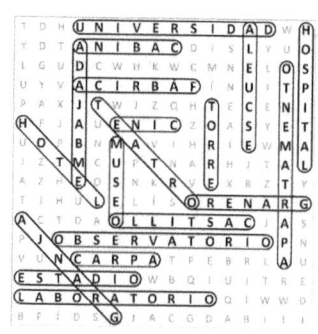

55 - Kunst

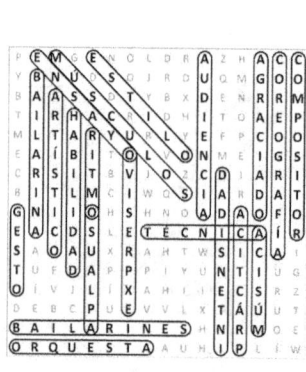

56 - Beroepen #1

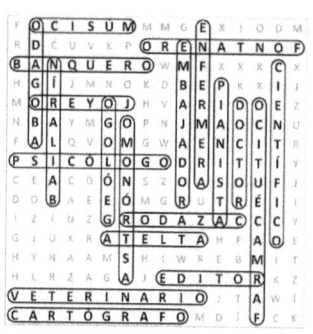

57 - Antarctica

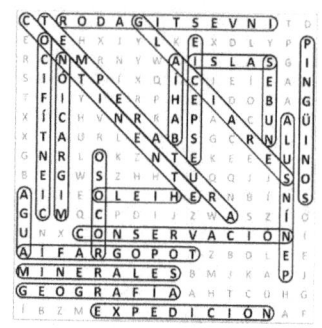

58 - Ballet

59 - Fruit

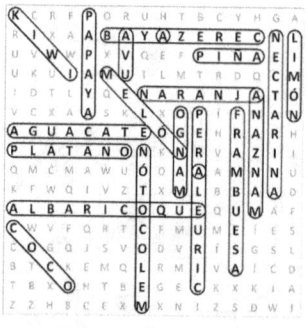

60 - Engineering

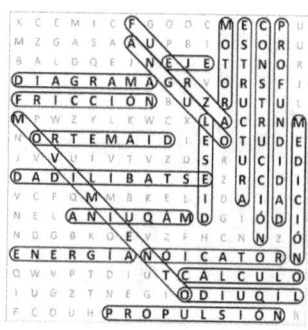

61 - Literatuur

62 - Boeken

63 - Meer Informatie

64 - Regenwoud

65 - Haartypes

66 - Stad

67 - Creativiteit

68 - Natuur

69 - Zoogdieren

70 - Overheid

71 - Geografie

72 - Kunstbenodigdhe

73 - Barbecues

74 - Schoonheid

75 - Wetenschappelijk

76 - Bijvoeglijke Naamwoorden

77 - Kleding

78 - Vliegtuigen

79 - Herbalisme

80 - Kracht en Zwaartekracht

81 - Het Bedrijf

82 - Rijden

83 - Wetenschap

84 - Natuurkunde

85 - Muziekinstrument

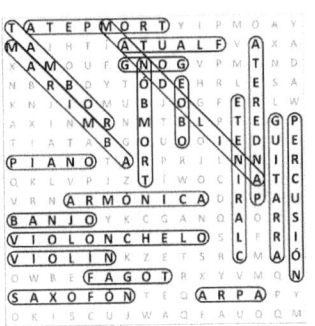

86 - Antiek

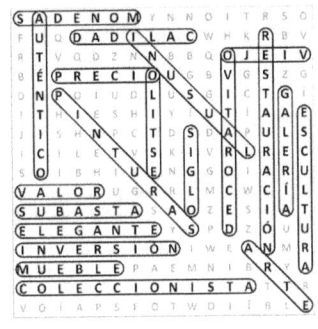

87 - Activiteiten en Vrije Ti

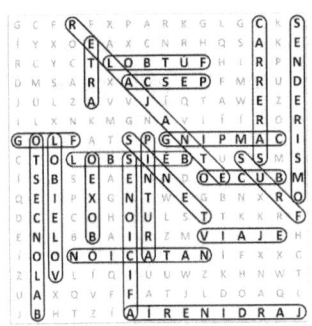

88 - Koffie

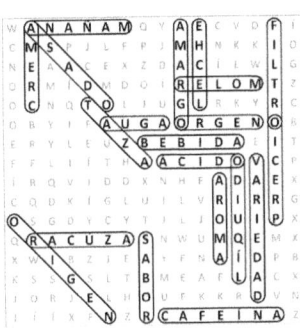

89 - Boerderij #1

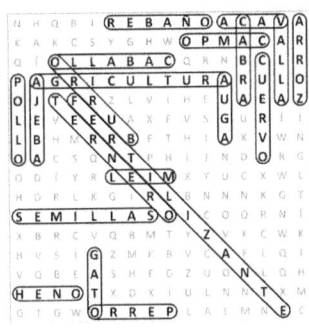

90 - Huis

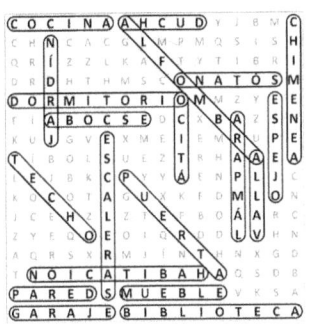

91 - Geometrie

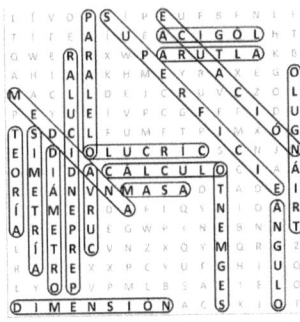

92 - Jazz

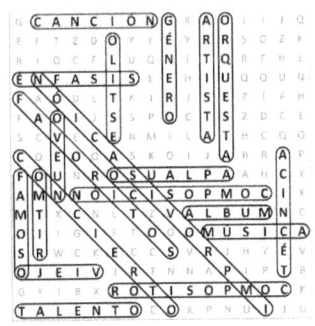

93 - Getallen

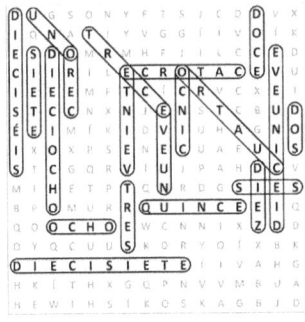

94 - Boksen

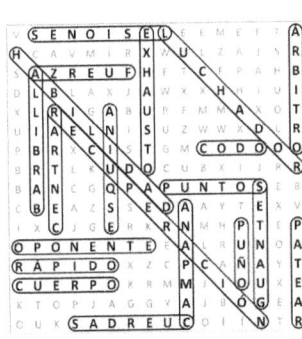

95 - Boerderij #2

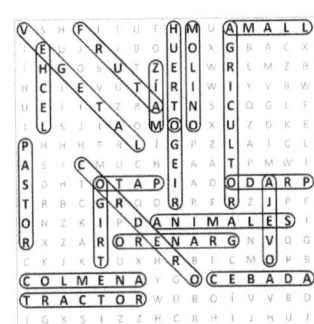

96 - Psychologie

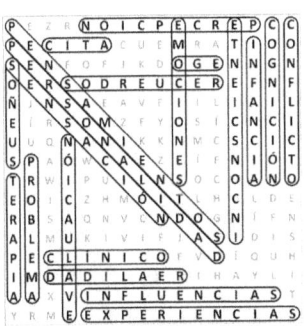

97 - Zakelijk

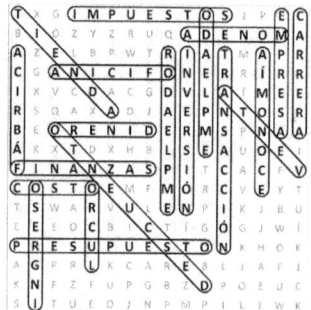

98 - Voeding

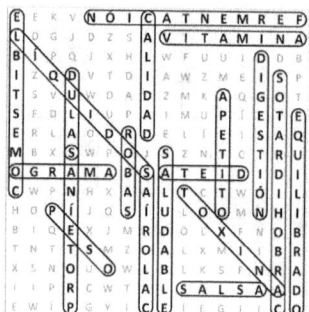

99 - Chemie

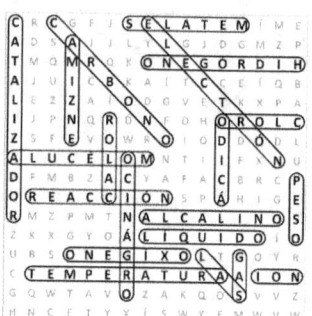

Woordenboek

Activiteiten
Actividades

Activiteit	Actividad
Ambachten	Artesanía
Dansen	Baile
Fotografie	Fotografía
Hengelsport	Pesca
Jacht	Caza
Kamperen	Camping
Keramiek	Cerámica
Kunst	Arte
Lezen	Lectura
Magie	Magia
Naaien	Costura
Ontspanning	Relajación
Plezier	Placer
Puzzels	Rompecabezas
Schilderij	Pintura
Tuinieren	Jardinería
Vaardigheid	Habilidad
Vrije Tijd	Ocio
Wandelen	Senderismo

Activiteiten en Vrije Ti
Actividades y Ocio

Basketbal	Baloncesto
Boksen	Boxeo
Duiken	Buceo
Golf	Golf
Hengelsport	Pesca
Hobby	Aficiones
Honkbal	Béisbol
Kamperen	Camping
Kunst	Arte
Ontspannen	Relajante
Racen	Carreras
Reis	Viaje
Schilderij	Pintura
Surfen	Surf
Tennis	Tenis
Tuinieren	Jardinería
Voetbal	Fútbol
Volleybal	Voleibol
Wandelen	Senderismo
Zwemmen	Natación

Agronomie
Agronomía

Duurzaam	Sostenible
Ecologie	Ecología
Energie	Energía
Erosie	Erosión
Groei	Crecimiento
Groente	Verduras
Landbouw	Agricultura
Landelijk	Rural
Mest	Fertilizante
Onderzoek	Investigación
Organisch	Orgánico
Productie	Producción
Studie	Estudio
Systemen	Sistemas
Vervuiling	Contaminación
Voedsel	Comida
Water	Agua
Wetenschap	Ciencia
Zaden	Semillas
Ziekten	Enfermedades

Algebra
Álgebra

Aftrekken	Resta
Diagram	Diagrama
Exponent	Exponente
Factor	Factor
Formule	Fórmula
Fractie	Fracción
Grafiek	Gráfico
Haakje	Paréntesis
Hoeveelheid	Cantidad
Lineair	Lineal
Matrix	Matriz
Nul	Cero
Oneindig	Infinito
Oplossing	Solución
Probleem	Problema
Som	Suma
Vals	Falso
Variabele	Variable
Vereenvoudigen	Simplificar
Vergelijking	Ecuación

Antarctica
Antártida

Baai	Bahía
Behoud	Conservación
Continent	Continente
Eilanden	Islas
Expeditie	Expedición
Geografie	Geografía
Gletsjers	Glaciares
Ijs	Hielo
Migratie	Migración
Mineralen	Minerales
Onderzoeker	Investigador
Pinguïn	Pingüinos
Rotsachtig	Rocoso
Schiereiland	Península
Soort	Especie
Temperatuur	Temperatura
Topografie	Topografía
Water	Agua
Wetenschappelijk	Científico
Wolken	Nubes

Antiek
Antigüedades

Authentiek	Auténtico
Beeldhouwwerk	Escultura
Decoratief	Decorativo
Eeuw	Siglo
Elegant	Elegante
Galerij	Galería
Investering	Inversión
Kunst	Arte
Kwaliteit	Calidad
Meubilair	Mueble
Munten	Monedas
Ongewoon	Inusual
Oud	Viejo
Prijs	Precio
Restauratie	Restauración
Schilderijen	Pinturas
Stijl	Estilo
Veiling	Subasta
Verzamelaar	Coleccionista
Waarde	Valor

Archeologie
Arqueología

Analyse	Análisis
Beschaving	Civilización
Botten	Huesos
Deskundige	Experto
Evaluatie	Evaluación
Fossiel	Fósil
Fragmenten	Fragmentos
Graf	Tumba
Mysterie	Misterio
Nakomeling	Descendiente
Objecten	Objetos
Onbekend	Desconocido
Onderzoeker	Investigador
Oudheid	Antigüedad
Professor	Profesor
Relikwie	Reliquia
Team	Equipo
Tempel	Templo
Tijdperk	Era
Vergeten	Olvidado

Astronomie
Astronomía

Aarde	Tierra
Asteroïde	Asteroide
Astronaut	Astronauta
Astronoom	Astrónomo
Equinox	Equinoccio
Komeet	Cometa
Kosmos	Cosmos
Maan	Luna
Meteoor	Meteoro
Nevel	Nebulosa
Observatorium	Observatorio
Planeet	Planeta
Raket	Cohete
Satelliet	Satélite
Ster	Estrella
Sterrenbeeld	Constelación
Straling	Radiación
Telescoop	Telescopio
Universum	Universo
Zwaartekracht	Gravedad

Avontuur
Aventura

Activiteit	Actividad
Bestemming	Destino
Enthousiasme	Entusiasmo
Excursie	Excursión
Gevaarlijk	Peligroso
Kans	Oportunidad
Moed	Valentía
Moeilijkheid	Dificultad
Natuur	Naturaleza
Navigatie	Navegación
Nieuw	Nuevo
Ongewoon	Inusual
Reisplan	Itinerario
Reizen	Viajes
Schoonheid	Belleza
Veiligheid	Seguridad
Verrassend	Sorprendente
Voorbereiding	Preparación
Vreugde	Alegría
Vrienden	Amigos

Ballet
Ballet

Applaus	Aplauso
Artistiek	Artístico
Ballerina	Bailarina
Choreografie	Coreografía
Componist	Compositor
Dansers	Bailarines
Expressief	Expresivo
Gebaar	Gesto
Intensiteit	Intensidad
Muziek	Música
Orkest	Orquesta
Praktijk	Práctica
Publiek	Audiencia
Repetitie	Ensayo
Ritme	Ritmo
Sierlijk	Agraciado
Spieren	Músculos
Stijl	Estilo
Techniek	Técnica
Vaardigheid	Habilidad

Barbecues
Barbacoas

Diner	Cena
Familie	Familia
Fruit	Fruta
Grill	Parrilla
Groente	Verduras
Heet	Caliente
Honger	Hambre
Kip	Pollo
Lunch	Almuerzo
Messen	Cuchillos
Muziek	Música
Peper	Pimienta
Salades	Ensaladas
Saus	Salsa
Tomaten	Tomates
Uien	Cebollas
Uitnodiging	Invitación
Vorken	Tenedores
Zomer	Verano
Zout	Sal

Beroepen #1
Profesiones #1

Advocaat	Abogado
Ambassadeur	Embajador
Apotheker	Farmacéutico
Astronoom	Astrónomo
Atleet	Atleta
Bankier	Banquero
Cartograaf	Cartógrafo
Danser	Bailarín
Dierenarts	Veterinario
Dokter	Doctor
Editor	Editor
Geoloog	Geólogo
Jager	Cazador
Juwelier	Joyero
Loodgieter	Fontanero
Muzikant	Músico
Pianist	Pianista
Psycholoog	Psicólogo
Verpleegster	Enfermera
Wetenschapper	Científico

Beroepen #2
Profesiones #2

Arts	Médico
Astronaut	Astronauta
Bibliothecaris	Bibliotecario
Bioloog	Biólogo
Boer	Agricultor
Chirurg	Cirujano
Detective	Detective
Filosoof	Filósofo
Fotograaf	Fotógrafo
Illustrator	Ilustrador
Ingenieur	Ingeniero
Journalist	Periodista
Leraar	Profesor
Linguïst	Lingüista
Onderzoeker	Investigador
Piloot	Piloto
Schilder	Pintor
Tandarts	Dentista
Tuinman	Jardinero
Uitvinder	Inventor

Bijen
Abejas

Bestuiver	Polinizador
Bijenkorf	Colmena
Bloemen	Flores
Bloesem	Flor
Diversiteit	Diversidad
Ecosysteem	Ecosistema
Fruit	Fruta
Habitat	Hábitat
Honing	Miel
Insect	Insecto
Koningin	Reina
Rook	Humo
Stuifmeel	Polen
Tuin	Jardín
Vleugels	Alas
Voedsel	Comida
Voordelig	Beneficioso
Was	Cera
Zon	Sol
Zwerm	Enjambre

Bijvoeglijke Naamwoorden
Adjetivos #1

Aantrekkelijk	Atractivo
Actief	Activo
Ambitieus	Ambicioso
Aromatisch	Aromático
Artistiek	Artístico
Belangrijk	Importante
Diep	Profundo
Donker	Oscuro
Dun	Delgada
Eerlijk	Honesto
Exotisch	Exótico
Identiek	Idéntico
Jong	Joven
Lang	Largo
Langzaam	Lento
Modern	Moderno
Onschuldig	Inocente
Perfect	Perfecto
Waardevol	Valioso
Zwaar	Pesado

Bijvoeglijke Naamwoorden
Adjetivos #2

Authentiek	Auténtico
Begaafd	Dotado
Beschrijvend	Descriptivo
Creatief	Creativo
Dramatisch	Dramático
Gezond	Saludable
Hongerig	Hambriento
Interessant	Interesante
Moe	Cansado
Natuurlijk	Natural
Nieuw	Nuevo
Normaal	Normal
Productief	Productivo
Slaperig	Somnoliento
Sterk	Fuerte
Trots	Orgulloso
Verantwoordelijk	Responsable
Wild	Salvaje
Zout	Salado
Zuiver	Puro

Biologie
Biología

Ademhaling	Respiración
Anatomie	Anatomía
Cel	Celda
Chromosoom	Cromosoma
Collageen	Colágeno
Eiwit	Proteína
Embryo	Embrión
Enzym	Enzima
Evolutie	Evolución
Fotosynthese	Fotosíntesis
Hormoon	Hormona
Mutatie	Mutación
Natuurlijk	Natural
Neuron	Neurona
Osmose	Ósmosis
Reptiel	Reptil
Symbiose	Simbiosis
Synaps	Sinapsis
Zenuw	Nervio
Zoogdier	Mamífero

Bloemen
Flores

Bloemblad	Pétalo
Boeket	Ramo
Gardenia	Gardenia
Hibiscus	Hibisco
Jasmijn	Jazmín
Klaver	Trébol
Lavendel	Lavanda
Lelie	Lirio
Lila	Lila
Madeliefje	Margarita
Magnolia	Magnolia
Narcis	Narciso
Orchidee	Orquídea
Papaver	Amapola
Passiebloem	Pasionaria
Pioenroos	Peonía
Plumeria	Plumeria
Roos	Rosa
Tulp	Tulipán
Zonnebloem	Girasol

Boeken
Libros

Auteur	Autor
Avontuur	Aventura
Bladzijde	Página
Collectie	Colección
Context	Contexto
Dualiteit	Dualidad
Episch	Epopeya
Gedicht	Poema
Geschreven	Escrito
Historisch	Histórico
Humoristisch	Humorístico
Inventief	Inventivo
Lezer	Lector
Literair	Literario
Poëzie	Poesía
Relevant	Pertinente
Roman	Novela
Tragisch	Trágico
Verhaal	Historia
Verteller	Narrador

Boerderij #1
Granja #1

Bij	Abeja
Ezel	Burro
Geit	Cabra
Hek	Valla
Hond	Perro
Honing	Miel
Hooi	Heno
Kalf	Ternero
Kat	Gato
Kip	Pollo
Koe	Vaca
Kraai	Cuervo
Kudde	Rebaño
Landbouw	Agricultura
Mest	Fertilizante
Paard	Caballo
Rijst	Arroz
Veld	Campo
Water	Agua
Zaden	Semillas

Boerderij #2
Granja #2

Bijenkorf	Colmena
Boer	Agricultor
Boomgaard	Huerto
Dieren	Animales
Eend	Pato
Fruit	Fruta
Gerst	Cebada
Groente	Vegetal
Herder	Pastor
Irrigatie	Riego
Lam	Cordero
Lama	Llama
Maïs	Maíz
Melk	Leche
Schaap	Oveja
Schuur	Granero
Tarwe	Trigo
Tractor	Tractor
Weide	Prado
Windmolen	Molino

Boksen
Boxeo

Elleboog	Codo
Focus	Centrar
Handschoenen	Guantes
Herstel	Recuperación
Hoek	Esquina
Kin	Barbilla
Klok	Campana
Kracht	Fuerza
Lichaam	Cuerpo
Punten	Puntos
Scheidsrechter	Árbitro
Schoppen	Patear
Snel	Rápido
Tegenstander	Oponente
Touwen	Cuerdas
Uitgeput	Exhausto
Vaardigheid	Habilidad
Vechter	Luchador
Verwondingen	Lesiones
Vuist	Puño

Boten
Barcos

Anker	Ancla
Bemanning	Tripulación
Boei	Boya
Golven	Olas
Jacht	Yate
Kajak	Kayak
Kano	Canoa
Maritiem	Marítimo
Mast	Mástil
Matroos	Marinero
Meer	Lago
Motor	Motor
Nautisch	Náutico
Oceaan	Océano
Rivier	Río
Touw	Cuerda
Veerboot	Ferry
Vlot	Balsa
Zee	Mar
Zeilboot	Velero

Camping
Camping

Avontuur	Aventura
Berg	Montaña
Bomen	Árboles
Bos	Bosque
Brand	Fuego
Cabine	Cabina
Dieren	Animales
Hangmat	Hamaca
Hoed	Sombrero
Insect	Insecto
Jacht	Caza
Kaart	Mapa
Kano	Canoa
Kompas	Brújula
Lantaarn	Linterna
Maan	Luna
Meer	Lago
Natuur	Naturaleza
Tent	Carpa
Touw	Cuerda

Chemie
Química

Alkalisch	Alcalino
Chloor	Cloro
Elektron	Electrón
Enzym	Enzima
Gas	Gas
Gewicht	Peso
Ion	Ion
Katalysator	Catalizador
Koolstof	Carbono
Metalen	Metales
Molecuul	Molécula
Organisch	Orgánico
Reactie	Reacción
Temperatuur	Temperatura
Vloeistof	Líquido
Warmte	Calor
Waterstof	Hidrógeno
Zout	Sal
Zuur	Ácido
Zuurstof	Oxígeno

Chocolade
Chocolate

Antioxidant	Antioxidante
Aroma	Aroma
Artisanaal	Artesanal
Bitter	Amargo
Cacao	Cacao
Calorieën	Calorías
Eten	Comer
Exotisch	Exótico
Favoriet	Favorito
Heerlijk	Delicioso
Ingrediënt	Ingrediente
Karamel	Caramelo
Kokosnoot	Coco
Kwaliteit	Calidad
Pinda'S	Cacahuetes
Poeder	Polvo
Recept	Receta
Smaak	Gusto
Suiker	Azúcar
Zoet	Dulce

Creativiteit
Creatividad

Artistiek	Artístico
Beeld	Imagen
Dramatisch	Dramático
Echtheid	Autenticidad
Emoties	Emociones
Gevoel	Sensación
Gevoelens	Sentimientos
Helderheid	Claridad
Indruk	Impresión
Inspiratie	Inspiración
Intensiteit	Intensidad
Intuïtie	Intuición
Inventief	Inventivo
Spontaan	Espontáneo
Uitdrukking	Expresión
Vaardigheid	Habilidad
Verbeelding	Imaginación
Visioenen	Visiones
Vitaliteit	Vitalidad
Vloeibaarheid	Fluidez

Dagen en Maanden
Días y Meses

Augustus	Agosto
Dinsdag	Martes
Donderdag	Jueves
Februari	Febrero
Jaar	Año
Januari	Enero
Juli	Julio
Juni	Junio
Kalender	Calendario
Maand	Mes
Maandag	Lunes
Maart	Marzo
November	Noviembre
Oktober	Octubre
September	Septiembre
Vrijdag	Viernes
Week	Semana
Woensdag	Miércoles
Zaterdag	Sábado
Zondag	Domingo

Dans
Baile

Academie	Academia
Beweging	Movimiento
Blij	Alegre
Choreografie	Coreografía
Cultureel	Cultural
Cultuur	Cultura
Emotie	Emoción
Expressief	Expresivo
Genade	Gracia
Houding	Postura
Klassiek	Clásico
Kunst	Arte
Lichaam	Cuerpo
Muziek	Música
Partner	Socio
Repetitie	Ensayo
Ritme	Ritmo
Springen	Saltar
Traditioneel	Tradicional
Visueel	Visual

De Media
Los Medios de Comunicación

Advertenties	Anuncios
Commercieel	Comercial
Communicatie	Comunicación
Digitaal	Digital
Editie	Edición
Feiten	Hechos
Financiering	Financiación
Individueel	Individual
Industrie	Industria
Intellectueel	Intelectual
Kranten	Periódicos
Lokaal	Local
Mening	Opinión
Netwerk	Red
Onderwijs	Educación
Online	En Línea
Publiek	Público
Radio	Radio
Televisie	Televisión
Tijdschriften	Revistas

Diplomatie
Diplomacia

Adviseur	Asesor
Ambassade	Embajada
Ambassadeur	Embajador
Burgers	Ciudadanos
Conflict	Conflicto
Diplomatiek	Diplomático
Discussie	Discusión
Ethiek	Ética
Gemeenschap	Comunidad
Gerechtigheid	Justicia
Humanitair	Humanitario
Integriteit	Integridad
Oplossing	Solución
Politiek	Política
Regering	Gobierno
Resolutie	Resolución
Samenwerking	Cooperación
Talen	Idiomas
Veiligheid	Seguridad
Verdrag	Tratado

Ecologie
Ecología

Bergen	Montañas
Diversiteit	Diversidad
Droogte	Sequía
Duurzaam	Sostenible
Fauna	Fauna
Flora	Flora
Gemeenschappen	Comunidades
Globaal	Global
Habitat	Hábitat
Klimaat	Clima
Marinier	Marino
Moeras	Pantano
Natuur	Naturaleza
Natuurlijk	Natural
Overleving	Supervivencia
Planten	Plantas
Soort	Especie
Variëteit	Variedad
Vegetatie	Vegetación
Vrijwilligers	Voluntarios

Emoties
Emociones

Angst	Miedo
Beschaamd	Avergonzado
Dankbaar	Agradecido
Droefheid	Tristeza
Gelukzaligheid	Beatitud
Inhoud	Contenido
Kalm	Calma
Liefde	Amor
Ontspannen	Relajado
Opgewonden	Emocionado
Rust	Tranquilidad
Sympathie	Simpatía
Tederheid	Ternura
Tevreden	Satisfecho
Verrassing	Sorpresa
Verveling	Aburrimiento
Vrede	Paz
Vreugde	Alegría
Vriendelijkheid	Bondad
Woede	Ira

Energie
Energía

Accu	Batería
Benzine	Gasolina
Brandstof	Combustible
Diesel	Diesel
Elektrisch	Eléctrico
Elektron	Electrón
Entropie	Entropía
Foton	Fotón
Hernieuwbaar	Renovable
Industrie	Industria
Koolstof	Carbono
Motor	Motor
Nucleair	Nuclear
Stoom	Vapor
Turbine	Turbina
Vervuiling	Contaminación
Warmte	Calor
Waterstof	Hidrógeno
Wind	Viento
Zon	Sol

Engineering
Ingeniería

As	Eje
Berekening	Cálculo
Beweging	Movimiento
Bouw	Construcción
Diagram	Diagrama
Diameter	Diámetro
Diepte	Profundidad
Diesel	Diesel
Energie	Energía
Hoek	Ángulo
Kracht	Fuerza
Machine	Máquina
Meting	Medición
Motor	Motor
Rotatie	Rotación
Stabiliteit	Estabilidad
Structuur	Estructura
Vloeistof	Líquido
Voortstuwing	Propulsión
Wrijving	Fricción

Eten #1
Comida #1

Aardbei	Fresa
Abrikoos	Albaricoque
Basilicum	Albahaca
Citroen	Limón
Gerst	Cebada
Kaneel	Canela
Knoflook	Ajo
Melk	Leche
Peer	Pera
Pinda	Maní
Salade	Ensalada
Sap	Jugo
Soep	Sopa
Spinazie	Espinacas
Suiker	Azúcar
Tonijn	Atún
Ui	Cebolla
Vlees	Carne
Wortel	Zanahoria
Zout	Sal

Eten #2
Comida #2

Amandel	Almendra
Ananas	Piña
Appel	Manzana
Asperge	Espárrago
Aubergine	Berenjena
Banaan	Plátano
Broccoli	Brócoli
Brood	Pan
Druif	Uva
Ei	Huevo
Ham	Jamón
Kaas	Queso
Kip	Pollo
Kiwi	Kiwi
Perzik	Melocotón
Rijst	Arroz
Tarwe	Trigo
Tomaat	Tomate
Vis	Pescado
Yoghurt	Yogur

Familie
Familia

Broer	Hermano
Dochter	Hija
Grootmoeder	Abuela
Jeugd	Infancia
Kind	Niño
Kinderen	Niños
Kleinzoon	Nieto
Man	Marido
Moeder	Madre
Neef	Sobrino
Nicht	Sobrina
Oom	Tío
Opa	Abuelo
Tante	Tía
Tweeling	Gemelos
Vader	Padre
Vaderlijk	Paterno
Voorouder	Antepasado
Vrouw	Esposa
Zus	Hermana

Fruit
Fruta

Abrikoos	Albaricoque
Ananas	Piña
Appel	Manzana
Avocado	Aguacate
Banaan	Plátano
Bes	Baya
Citroen	Limón
Druif	Uva
Framboos	Frambuesa
Kers	Cereza
Kiwi	Kiwi
Kokosnoot	Coco
Mango	Mango
Meloen	Melón
Nectarine	Nectarina
Oranje	Naranja
Papaja	Papaya
Peer	Pera
Perzik	Melocotón
Pruim	Ciruela

Gebouwen
Edificios

Ambassade	Embajada
Appartement	Apartamento
Bioscoop	Cine
Boerderij	Granja
Cabine	Cabina
Fabriek	Fábrica
Hotel	Hotel
Kasteel	Castillo
Laboratorium	Laboratorio
Museum	Museo
Observatorium	Observatorio
School	Escuela
Schuur	Granero
Stadion	Estadio
Supermarkt	Supermercado
Tent	Carpa
Theater	Teatro
Toren	Torre
Universiteit	Universidad
Ziekenhuis	Hospital

Geografie
Geografía

Atlas	Atlas
Berg	Montaña
Breedtegraad	Latitud
Continent	Continente
Eiland	Isla
Evenaar	Ecuador
Halfrond	Hemisferio
Hoogte	Altitud
Kaart	Mapa
Land	País
Meridiaan	Meridiano
Noorden	Norte
Oceaan	Océano
Regio	Región
Rivier	Río
Stad	Ciudad
Wereld	Mundo
Westen	Oeste
Zee	Mar
Zuiden	Sur

Geologie
Geología

Aardbeving	Terremoto
Calcium	Calcio
Continent	Continente
Erosie	Erosión
Fossiel	Fósil
Geiser	Géiser
Gesmolten	Fundido
Grot	Caverna
Koraal	Coral
Kristallen	Cristales
Kwarts	Cuarzo
Laag	Capa
Lava	Lava
Plateau	Meseta
Stalactiet	Estalactita
Steen	Piedra
Vulkaan	Volcán
Zone	Zona
Zout	Sal
Zuur	Ácido

Geometrie
Geometría

Berekening	Cálculo
Cirkel	Círculo
Curve	Curva
Diameter	Diámetro
Dimensie	Dimensión
Driehoek	Triángulo
Hoek	Ángulo
Hoogte	Altura
Horizontaal	Horizontal
Logica	Lógica
Loodrecht	Perpendicular
Massa	Masa
Mediaan	Mediana
Oppervlak	Superficie
Parallel	Paralelo
Segment	Segmento
Symmetrie	Simetría
Theorie	Teoría
Vergelijking	Ecuación
Verticaal	Vertical

Getallen
Números

Acht	Ocho
Achttien	Dieciocho
Dertien	Trece
Drie	Tres
Een	Uno
Negen	Nueve
Negentien	Diecinueve
Nul	Cero
Tien	Diez
Twaalf	Doce
Twee	Dos
Twintig	Veinte
Veertien	Catorce
Vier	Cuatro
Vijf	Cinco
Vijftien	Quince
Zes	Seis
Zestien	Dieciséis
Zeven	Siete
Zeventien	Diecisiete

Gezondheid en Welzijn #1
Salud y Bienestar #1

Actief	Activo
Apotheek	Farmacia
Bacteriën	Bacterias
Behandeling	Tratamiento
Breuk	Fractura
Dokter	Doctor
Gewoonte	Hábito
Honger	Hambre
Hoogte	Altura
Hormonen	Hormonas
Huid	Piel
Kliniek	Clínica
Letsel	Lesión
Medicijn	Medicina
Ontspanning	Relajación
Reflex	Reflejo
Spieren	Músculos
Therapie	Terapia
Virus	Virus
Zenuwen	Nervios

Gezondheid en Welzijn #2
Salud y Bienestar #2

Allergie	Alergia
Anatomie	Anatomía
Bloed	Sangre
Calorie	Caloría
Dieet	Dieta
Energie	Energía
Genetica	Genética
Gewicht	Peso
Gezond	Saludable
Herstel	Recuperación
Hygiëne	Higiene
Infectie	Infección
Lichaam	Cuerpo
Massage	Masaje
Spijsvertering	Digestión
Stress	Estrés
Vitamine	Vitamina
Voeding	Nutrición
Ziekenhuis	Hospital
Ziekte	Enfermedad

Groenten
Verduras

Artisjok	Alcachofa
Aubergine	Berenjena
Broccoli	Brócoli
Erwt	Guisante
Gember	Jengibre
Knoflook	Ajo
Komkommer	Pepino
Olijf	Oliva
Paddestoel	Seta
Peterselie	Perejil
Pompoen	Calabaza
Raap	Nabo
Radijs	Rábano
Salade	Ensalada
Selderij	Apio
Sjalot	Chalote
Spinazie	Espinacas
Tomaat	Tomate
Ui	Cebolla
Wortel	Zanahoria

Haartypes
Tipos de Cabello

Blond	Rubio
Bruin	Marrón
Dik	Grueso
Droog	Seco
Dun	Delgada
Gekleurd	Coloreado
Gevlochten	Trenzado
Gezond	Saludable
Golvend	Ondulado
Grijs	Gris
Hoofdhuid	Cabelludo
Kaal	Calvo
Kort	Corto
Krullen	Rizos
Krullend	Rizado
Lang	Largo
Wit	Blanco
Zacht	Suave
Zilver	Plata
Zwart	Negro

Herbalisme
Herboristería

Aromatisch	Aromático
Basilicum	Albahaca
Bloem	Flor
Culinair	Culinario
Dille	Eneldo
Dragon	Estragón
Groen	Verde
Ingrediënt	Ingrediente
Knoflook	Ajo
Kwaliteit	Calidad
Lavendel	Lavanda
Marjolein	Mejorana
Oregano	Orégano
Peterselie	Perejil
Rozemarijn	Romero
Saffraan	Azafrán
Smaak	Sabor
Tijm	Tomillo
Tuin	Jardín
Venkel	Hinojo

Het Bedrijf
La Empresa

Beslissing	Decisión
Creatief	Creativo
Eenheden	Unidades
Globaal	Global
Industrie	Industria
Inkomsten	Ingresos
Innovatief	Innovador
Investering	Inversión
Kwaliteit	Calidad
Loon	Salarios
Mogelijkheid	Posibilidad
Presentatie	Presentación
Product	Producto
Professioneel	Profesional
Reputatie	Reputación
Risico'S	Riesgos
Trends	Tendencias
Vooruitgang	Progreso
Werkgelegenheid	Empleo
Zaak	Negocio

Huis
Casa

Bezem	Escoba
Bibliotheek	Biblioteca
Dak	Techo
Deur	Puerta
Douche	Ducha
Garage	Garaje
Haard	Chimenea
Hek	Valla
Kamer	Habitación
Kelder	Sótano
Keuken	Cocina
Lamp	Lámpara
Meubilair	Mueble
Muur	Pared
Slaapkamer	Dormitorio
Spiegel	Espejo
Tapijt	Alfombra
Trap	Escaleras
Tuin	Jardín
Zolder	Ático

Installaties
Plantas

Bamboe	Bambú
Bes	Baya
Blad	Hoja
Bloem	Flor
Boom	Árbol
Boon	Frijol
Bos	Bosque
Cactus	Cactus
Flora	Flora
Gebladerte	Follaje
Gras	Hierba
Groeien	Crecer
Klimop	Hiedra
Mest	Fertilizante
Mos	Musgo
Plantkunde	Botánica
Struik	Arbusto
Tuin	Jardín
Vegetatie	Vegetación
Wortel	Raíz

Jazz
Jazz

Album	Álbum
Applaus	Aplauso
Artiest	Artista
Beroemd	Famoso
Componist	Compositor
Concert	Concierto
Favorieten	Favoritos
Genre	Género
Improvisatie	Improvisación
Lied	Canción
Muziek	Música
Nadruk	Énfasis
Nieuw	Nuevo
Orkest	Orquesta
Oud	Viejo
Ritme	Ritmo
Samenstelling	Composición
Stijl	Estilo
Talent	Talento
Techniek	Técnica

Keuken
Cocina

Cup	Tazas
Eetstokjes	Palillos
Grill	Parrilla
Ketel	Caldera
Koelkast	Refrigerador
Kom	Tazón
Kruik	Jarra
Lepels	Cucharas
Messen	Cuchillos
Oven	Horno
Pollepel	Cucharón
Pot	Tarro
Recept	Receta
Schort	Delantal
Servet	Servilleta
Specerijen	Especias
Spons	Esponja
Voedsel	Comida
Vorken	Tenedores
Vriezer	Congelador

Kleding
Ropa

Armband	Pulsera
Blouse	Blusa
Broek	Pantalones
Handschoenen	Guantes
Hoed	Sombrero
Jas	Abrigo
Jasje	Chaqueta
Jurk	Vestido
Ketting	Collar
Mode	Moda
Pyjama	Pijama
Riem	Cinturón
Rok	Falda
Sandalen	Sandalias
Schoen	Zapato
Schort	Delantal
Shirt	Camisa
Sjaal	Bufanda
Sokken	Calcetines
Trui	Suéter

Koffie
Café

Aroma	Aroma
Beker	Taza
Bitter	Amargo
Cafeïne	Cafeína
Drank	Bebida
Filter	Filtro
Geroosterd	Asado
Malen	Moler
Melk	Leche
Ochtend	Mañana
Oorsprong	Origen
Prijs	Precio
Room	Crema
Smaak	Sabor
Suiker	Azúcar
Variëteit	Variedad
Vloeistof	Líquido
Water	Agua
Zuur	Ácido
Zwart	Negro

Kracht en Zwaartekracht
Fuerza y Gravedad

Afstand	Distancia
As	Eje
Baan	Órbita
Beweging	Movimiento
Centrum	Centro
Druk	Presión
Dynamisch	Dinámico
Eigendommen	Propiedades
Gewicht	Peso
Impact	Impacto
Magnetisme	Magnetismo
Mechanica	Mecánica
Natuurkunde	Física
Omvang	Magnitud
Planeten	Planetas
Snelheid	Velocidad
Tijd	Tiempo
Uitbreiding	Expansión
Universeel	Universal
Wrijving	Fricción

Kunst
Arte

Beeldhouwwerk	Escultura
Complex	Complejo
Creëren	Crear
Eenvoudig	Sencillo
Eerlijk	Honesto
Figuur	Figura
Geïnspireerd	Inspirado
Humeur	Humor
Keramisch	Cerámica
Onderwerp	Tema
Origineel	Original
Persoonlijk	Personal
Poëzie	Poesía
Portretteren	Retratar
Samenstelling	Composición
Schilderijen	Pinturas
Surrealisme	Surrealismo
Symbool	Símbolo
Uitdrukking	Expresión
Visueel	Visual

Kunstbenodigdheden
Suministros de Arte

Acryl	Acrílico
Aquarellen	Acuarelas
Borstels	Cepillos
Camera	Cámara
Creativiteit	Creatividad
Ezel	Caballete
Gom	Borrador
Houtskool	Carbón
Inkt	Tinta
Klei	Arcilla
Kleuren	Colores
Lijm	Pegamento
Olie	Aceite
Papier	Papel
Pastel	Pasteles
Potloden	Lápices
Stoel	Silla
Tafel	Mesa
Verf	Pinturas
Water	Agua

Landen #1
Países #1

België	Bélgica
Brazilië	Brasil
Cambodja	Camboya
Canada	Canadá
Chili	Chile
Duitsland	Alemania
Egypte	Egipto
Irak	Irak
Israël	Israel
Italië	Italia
Letland	Letonia
Libië	Libia
Marokko	Marruecos
Nicaragua	Nicaragua
Noorwegen	Noruega
Panama	Panamá
Polen	Polonia
Roemenië	Rumania
Senegal	Senegal
Spanje	España

Landen #2
Países #2

Denemarken	Dinamarca
Ethiopië	Etiopía
Frankrijk	Francia
Griekenland	Grecia
Ierland	Irlanda
Indonesië	Indonesia
Japan	Japón
Kenia	Kenia
Laos	Laos
Libanon	Líbano
Liberia	Liberia
Maleisië	Malasia
Mexico	México
Nepal	Nepal
Nigeria	Nigeria
Oeganda	Uganda
Oekraïne	Ucrania
Rusland	Rusia
Somalië	Somalia
Syrië	Siria

Landschappen
Paisajes

Berg	Montaña
Eiland	Isla
Geiser	Géiser
Gletsjer	Glaciar
Grot	Cueva
Heuvel	Colina
IJsberg	Iceberg
Meer	Lago
Moeras	Pantano
Oase	Oasis
Oceaan	Océano
Rivier	Río
Schiereiland	Península
Strand	Playa
Toendra	Tundra
Vallei	Valle
Vulkaan	Volcán
Waterval	Cascada
Woestijn	Desierto
Zee	Mar

Literatuur
Literatura

Analogie	Analogía
Analyse	Análisis
Anekdote	Anécdota
Auteur	Autor
Biografie	Biografía
Conclusie	Conclusión
Dialoog	Diálogo
Fictie	Ficción
Gedicht	Poema
Mening	Opinión
Metafoor	Metáfora
Poëtisch	Poético
Rijm	Rima
Ritme	Ritmo
Roman	Novela
Stijl	Estilo
Thema	Tema
Tragedie	Tragedia
Vergelijking	Comparación
Verteller	Narrador

Meditatie
Meditación

Aandacht	Atención
Aanvaarding	Aceptación
Ademhaling	Respiración
Beweging	Movimiento
Dankbaarheid	Gratitud
Emoties	Emociones
Gedachten	Pensamientos
Geluk	Felicidad
Helderheid	Claridad
Houding	Postura
Mededogen	Compasión
Mentaal	Mental
Muziek	Música
Natuur	Naturaleza
Observatie	Observación
Perspectief	Perspectiva
Stilte	Silencio
Vrede	Paz
Vriendelijkheid	Bondad
Wakker	Despierto

Meer Informatie
Ciencia Ficción

Bioscoop	Cine
Boeken	Libros
Brand	Fuego
Denkbeeldig	Imaginario
Dystopie	Distopía
Explosie	Explosión
Extreem	Extremo
Fantastisch	Fantástico
Futuristisch	Futurista
Illusie	Ilusión
Mysterieus	Misterioso
Orakel	Oráculo
Planeet	Planeta
Realistisch	Realista
Robots	Robots
Scenario	Escenario
Sterrenstelsel	Galaxia
Technologie	Tecnología
Utopie	Utopía
Wereld	Mundo

Menselijk Lichaam
Cuerpo Humano

Been	Pierna
Bloed	Sangre
Elleboog	Codo
Enkel	Tobillo
Hand	Mano
Hart	Corazón
Hersenen	Cerebro
Hoofd	Cabeza
Huid	Piel
Kaak	Mandíbula
Kin	Barbilla
Knie	Rodilla
Maag	Estómago
Mond	Boca
Nek	Cuello
Neus	Nariz
Oor	Oreja
Schouder	Hombro
Tong	Lengua
Vinger	Dedo

Metingen
Mediciones

Breedte	Ancho
Byte	Byte
Centimeter	Centímetro
Decimaal	Decimal
Diepte	Profundidad
Gewicht	Peso
Gram	Gramo
Hoogte	Altura
Inch	Pulgada
Kilogram	Kilogramo
Kilometer	Kilómetro
Lengte	Longitud
Liter	Litro
Massa	Masa
Meter	Metro
Minuut	Minuto
Ons	Onza
Pint	Pinta
Ton	Tonelada
Volume	Volumen

Mode
Moda

Afmetingen	Mediciones
Bescheiden	Modesto
Betaalbaar	Asequible
Borduurwerk	Bordado
Duur	Caro
Eenvoudig	Sencillo
Elegant	Elegante
Kant	Encaje
Kleding	Ropa
Knop	Botones
Minimalistisch	Minimalista
Modern	Moderno
Origineel	Original
Patroon	Patrón
Praktisch	Práctico
Stijl	Estilo
Stof	Tejido
Textuur	Textura
Trend	Tendencia
Winkel	Boutique

Muziek
Música

Album	Álbum
Ballade	Balada
Harmonie	Armonía
Improviseren	Improvisar
Instrument	Instrumento
Klassiek	Clásico
Koor	Coro
Lyrisch	Lírico
Melodie	Melodía
Microfoon	Micrófono
Muzikaal	Musical
Muzikant	Músico
Opera	Ópera
Opname	Grabación
Poëtisch	Poético
Ritme	Ritmo
Ritmisch	Rítmico
Tempo	Tempo
Zanger	Cantante
Zingen	Cantar

Muziekinstrumenten
Instrumentos Musicales

Banjo	Banjo
Cello	Violonchelo
Fagot	Fagot
Fluit	Flauta
Gitaar	Guitarra
Gong	Gong
Harp	Arpa
Hobo	Oboe
Klarinet	Clarinete
Mandoline	Mandolina
Marimba	Marimba
Mondharmonica	Armónica
Percussie	Percusión
Piano	Piano
Saxofoon	Saxofón
Tamboerijn	Pandereta
Trombone	Trombón
Trommel	Tambor
Trompet	Trompeta
Viool	Violín

Mythologie
Mitología

Archetype	Arquetipo
Bliksem	Rayo
Creatie	Creación
Cultuur	Cultura
Donder	Trueno
Doolhof	Laberinto
Held	Héroe
Heldin	Heroína
Hemel	Cielo
Jaloezie	Celos
Kracht	Fuerza
Krijger	Guerrero
Legende	Leyenda
Magisch	Mágico
Monster	Monstruo
Onsterfelijkheid	Inmortalidad
Ramp	Desastre
Sterfelijk	Mortal
Wezen	Criatura
Wraak	Venganza

Natuur
Naturaleza

Arctisch	Ártico
Bijen	Abejas
Bos	Bosque
Dieren	Animales
Dynamisch	Dinámico
Erosie	Erosión
Gebladerte	Follaje
Gletsjer	Glaciar
Heiligdom	Santuario
Klippen	Acantilados
Mist	Niebla
Rivier	Río
Schoonheid	Belleza
Schuilplaats	Refugio
Sereen	Sereno
Tropisch	Tropical
Vitaal	Vital
Wild	Salvaje
Woestijn	Desierto
Wolken	Nubes

Natuurkunde
Física

Atoom	Átomo
Chaos	Caos
Chemisch	Químico
Deeltje	Partícula
Dichtheid	Densidad
Elektron	Electrón
Experiment	Experimento
Formule	Fórmula
Frequentie	Frecuencia
Gas	Gas
Magnetisme	Magnetismo
Massa	Masa
Mechanica	Mecánica
Molecuul	Molécula
Motor	Motor
Relativiteit	Relatividad
Snelheid	Velocidad
Universeel	Universal
Versnelling	Aceleración
Zwaartekracht	Gravedad

Oceaan
Océano

Aal	Anguila
Algen	Alga
Boot	Barco
Dolfijn	Delfín
Garnaal	Camarón
Getijden	Mareas
Haai	Tiburón
Koraal	Coral
Krab	Cangrejo
Kwal	Medusa
Octopus	Pulpo
Oester	Ostra
Rif	Arrecife
Schildpad	Tortuga
Spons	Esponja
Storm	Tormenta
Tonijn	Atún
Vis	Pescado
Walvis	Ballena
Zout	Sal

Opwarming van de Aarde
Calentamiento Global

Aandacht	Atención
Arctisch	Ártico
Crisis	Crisis
Energie	Energía
Gas	Gas
Gegevens	Datos
Generaties	Generaciones
Gevolgen	Consecuencias
Industrie	Industria
Internationaal	Internacional
Klimaat	Clima
Milieu	Ambiental
Nu	Ahora
Ontwikkeling	Desarrollo
Regering	Gobierno
Temperaturen	Temperaturas
Toekomst	Futuro
Veranderingen	Cambios
Wetenschapper	Científico
Wetgeving	Legislación

Overheid
Gobierno

Burgerschap	Ciudadanía
Civiel	Civil
Democratie	Democracia
Discussie	Discusión
Gelijkheid	Igualdad
Gerechtelijk	Judicial
Gerechtigheid	Justicia
Grondwet	Constitución
Leider	Líder
Monument	Monumento
Natie	Nación
Nationaal	Nacional
Politiek	Política
Rechten	Derechos
Staat	Estado
Symbool	Símbolo
Toespraak	Discurso
Vrijheid	Libertad
Wet	Ley
Wijk	Distrito

Psychologie
Psicología

Afspraak	Cita
Beoordeling	Evaluación
Bewusteloos	Inconsciente
Cognitie	Cognición
Conflict	Conflicto
Dromen	Sueños
Ego	Ego
Emoties	Emociones
Ervaringen	Experiencias
Gedachten	Pensamientos
Gevoel	Sensación
Herinneringen	Recuerdos
Invloed	Influencias
Jeugd	Infancia
Klinisch	Clínico
Perceptie	Percepción
Persoonlijkheid	Personalidad
Probleem	Problema
Realiteit	Realidad
Therapie	Terapia

Regenwoud
Selva Tropical

Amfibieën	Anfibios
Behoud	Preservación
Botanisch	Botánico
Diversiteit	Diversidad
Gemeenschap	Comunidad
Inheems	Indígena
Insecten	Insectos
Jungle	Selva
Klimaat	Clima
Mos	Musgo
Natuur	Naturaleza
Overleving	Supervivencia
Respect	Respeto
Restauratie	Restauración
Soort	Especie
Toevlucht	Refugio
Vogels	Pájaros
Waardevol	Valioso
Wolken	Nubes
Zoogdieren	Mamíferos

Restaurant #1
Restaurante #1

Allergie	Alergia
Bord	Plato
Brood	Pan
Eten	Comer
Ingrediënten	Ingredientes
Kassier	Cajero
Keuken	Cocina
Kip	Pollo
Koffie	Café
Kom	Tazón
Menu	Menú
Mes	Cuchillo
Pittig	Picante
Reservering	Reserva
Saus	Salsa
Serveerster	Camarera
Servet	Servilleta
Toetje	Postre
Vlees	Carne
Voedsel	Comida

Restaurant #2
Restaurante #2

Cake	Pastel
Diner	Cena
Drank	Bebida
Eieren	Huevos
Fruit	Fruta
Groente	Verduras
Heerlijk	Delicioso
Ijs	Hielo
Lepel	Cuchara
Lunch	Almuerzo
Noedels	Fideos
Ober	Camarero
Salade	Ensalada
Soep	Sopa
Specerijen	Especias
Stoel	Silla
Vis	Pescado
Vork	Tenedor
Water	Agua
Zout	Sal

Rijden
Conduciendo

Auto	Coche
Brandstof	Combustible
Garage	Garaje
Gas	Gas
Gevaar	Peligro
Kaart	Mapa
Licentie	Licencia
Motor	Motor
Motorfiets	Motocicleta
Ongeluk	Accidente
Politie	Policía
Remmen	Frenos
Snelheid	Velocidad
Straat	Calle
Tunnel	Túnel
Veiligheid	Seguridad
Verkeer	Tráfico
Voetganger	Peatonal
Vrachtauto	Camión
Weg	Carretera

Schoonheid
Belleza

Charme	Encanto
Cosmetica	Cosméticos
Diensten	Servicios
Elegant	Elegante
Elegantie	Elegancia
Fotogeniek	Fotogénico
Genade	Gracia
Geur	Fragancia
Glad	Suave
Huid	Piel
Kleur	Color
Krullen	Rizos
Lippenstift	Pintalabios
Mascara	Rímel
Producten	Productos
Schaar	Tijeras
Shampoo	Champú
Spiegel	Espejo
Stilist	Estilista
Verzinnen	Maquillaje

Specerijen
Especias

Anijs	Anís
Bitter	Amargo
Fenegriek	Fenogreco
Gember	Jengibre
Kaneel	Canela
Kardemom	Cardamomo
Kerrie	Curry
Knoflook	Ajo
Komijn	Comino
Koriander	Cilantro
Kruidnagel	Clavo
Nootmuskaat	Nuez Moscada
Paprika	Pimentón
Saffraan	Azafrán
Smaak	Sabor
Ui	Cebolla
Vanille	Vainilla
Venkel	Hinojo
Zoet	Dulce
Zout	Sal

Stad
Ciudad

Apotheek	Farmacia
Bakkerij	Panadería
Bank	Banco
Bibliotheek	Biblioteca
Bioscoop	Cine
Bloemist	Florista
Boekhandel	Librería
Dierentuin	Zoo
Galerij	Galería
Hotel	Hotel
Kliniek	Clínica
Luchthaven	Aeropuerto
Markt	Mercado
Museum	Museo
School	Escuela
Stadion	Estadio
Supermarkt	Supermercado
Theater	Teatro
Universiteit	Universidad
Winkel	Tienda

Tijd
Tiempo

Dag	Día
Decennium	Década
Eeuw	Siglo
Gisteren	Ayer
Jaar	Año
Jaarlijks	Anual
Kalender	Calendario
Klok	Reloj
Maand	Mes
Middag	Mediodía
Minuut	Minuto
Na	Después
Nacht	Noche
Nu	Ahora
Ochtend	Mañana
Toekomst	Futuro
Uur	Hora
Vandaag	Hoy
Vroeg	Temprano
Week	Semana

Tuin
Jardín

Bank	Banco
Bloem	Flor
Boom	Árbol
Boomgaard	Huerto
Garage	Garaje
Gazon	Césped
Gras	Hierba
Hangmat	Hamaca
Hark	Rastrillo
Hek	Valla
Onkruid	Malezas
Rotsen	Rocas
Schop	Pala
Slang	Manguera
Struik	Arbusto
Terras	Terraza
Trampoline	Trampolín
Tuin	Jardín
Vijver	Estanque
Wijnstok	Vid

Tuinieren
Jardinería

Blad	Hoja
Bloemen	Floral
Bloesem	Flor
Bodem	Suelo
Boeket	Ramo
Boomgaard	Huerto
Botanisch	Botánico
Compost	Compost
Container	Contenedor
Eetbaar	Comestible
Exotisch	Exótico
Gebladerte	Follaje
Klimaat	Clima
Seizoensgebonden	Estacional
Slang	Manguera
Soort	Especie
Vocht	Humedad
Vuil	Suciedad
Water	Agua
Zaden	Semillas

Universum
Universo

Asteroïde	Asteroide
Astronomie	Astronomía
Astronoom	Astrónomo
Atmosfeer	Atmósfera
Baan	Órbita
Breedtegraad	Latitud
Dierenriem	Zodíaco
Duisternis	Oscuridad
Evenaar	Ecuador
Halfrond	Hemisferio
Hemel	Cielo
Horizon	Horizonte
Kantelen	Inclinación
Kosmisch	Cósmico
Lengtegraad	Longitud
Maan	Luna
Sterrenstelsel	Galaxia
Telescoop	Telescopio
Zichtbaar	Visible
Zonnewende	Solsticio

Vakantie #2
Vacaciones #2

Bestemming	Destino
Buitenlander	Extranjero
Eiland	Isla
Hotel	Hotel
Kaart	Mapa
Kamperen	Camping
Luchthaven	Aeropuerto
Paspoort	Pasaporte
Reis	Viaje
Reserveringen	Reservas
Restaurant	Restaurante
Strand	Playa
Taxi	Taxi
Tent	Carpa
Trein	Tren
Vakantie	Vacaciones
Vervoer	Transporte
Visum	Visa
Vrije Tijd	Ocio
Zee	Mar

Vliegtuigen
Aviones

Afdaling	Descenso
Atmosfeer	Atmósfera
Avontuur	Aventura
Ballon	Globo
Bemanning	Tripulación
Bouw	Construcción
Brandstof	Combustible
Geschiedenis	Historia
Hemel	Cielo
Hoogte	Altura
Landen	Aterrizaje
Lucht	Aire
Motor	Motor
Navigeren	Navegar
Ontwerp	Diseño
Passagier	Pasajero
Piloot	Piloto
Richting	Dirección
Turbulentie	Turbulencia
Waterstof	Hidrógeno

Voeding
Nutrición

Bitter	Amargo
Calorieën	Calorías
Dieet	Dieta
Eetbaar	Comestible
Eetlust	Apetito
Eiwitten	Proteínas
Evenwichtig	Equilibrado
Fermentatie	Fermentación
Gewicht	Peso
Gezond	Saludable
Gezondheid	Salud
Koolhydraten	Carbohidratos
Kwaliteit	Calidad
Saus	Salsa
Smaak	Sabor
Spijsvertering	Digestión
Toxine	Toxina
Vitamine	Vitamina
Vloeistoffen	Líquidos
Voedingsstof	Nutriente

Vogels
Pájaros

Duif	Paloma
Eend	Pato
Ei	Huevo
Flamingo	Flamenco
Gans	Ganso
Kip	Pollo
Koekoek	Cuco
Kraai	Cuervo
Meeuw	Gaviota
Mus	Gorrión
Ooievaar	Cigüeña
Papegaai	Loro
Pauw	Pavo Real
Pelikaan	Pelícano
Pinguïn	Pingüino
Reiger	Garza
Struisvogel	Avestruz
Toekan	Tucán
Uil	Búho
Zwaan	Cisne

Vormen
Formas

Bol	Esfera
Boog	Arco
Cilinder	Cilindro
Cirkel	Círculo
Curve	Curva
Driehoek	Triángulo
Hoek	Esquina
Hyperbool	Hipérbola
Kant	Lado
Kegel	Cono
Kubus	Cubo
Lijn	Línea
Ovaal	Oval
Piramide	Pirámide
Prisma	Prisma
Randen	Bordes
Rechthoek	Rectángulo
Ronde	Ronda
Veelhoek	Polígono
Vierkant	Cuadrado

Wandelen
Senderismo

Berg	Montaña
Dieren	Animales
Gidsen	Guías
Kaart	Mapa
Kamperen	Camping
Klif	Acantilado
Klimaat	Clima
Laarzen	Botas
Moe	Cansado
Muggen	Mosquitos
Natuur	Naturaleza
Oriëntatie	Orientación
Parken	Parques
Stenen	Piedras
Top	Cumbre
Voorbereiding	Preparación
Water	Agua
Wild	Salvaje
Zon	Sol
Zwaar	Pesado

Wetenschap
Ciencia

Atoom	Átomo
Chemisch	Químico
Deeltjes	Partículas
Evolutie	Evolución
Experiment	Experimento
Feit	Hecho
Fossiel	Fósil
Gegevens	Datos
Hypothese	Hipótesis
Klimaat	Clima
Laboratorium	Laboratorio
Methode	Método
Mineralen	Minerales
Moleculen	Moléculas
Natuur	Naturaleza
Natuurkunde	Física
Observatie	Observación
Organisme	Organismo
Wetenschapper	Científico
Zwaartekracht	Gravedad

Wetenschappelijke Discip
Disciplinas Científicas

Anatomie	Anatomía
Archeologie	Arqueología
Astronomie	Astronomía
Biochemie	Bioquímica
Biologie	Biología
Chemie	Química
Ecologie	Ecología
Fysiologie	Fisiología
Geologie	Geología
Immunologie	Inmunología
Mechanica	Mecánica
Meteorologie	Meteorología
Mineralogie	Mineralogía
Neurologie	Neurología
Plantkunde	Botánica
Psychologie	Psicología
Robotica	Robótica
Sociologie	Sociología
Thermodynamica	Termodinámica
Voeding	Nutrición

Wiskunde
Matemáticas

Decimaal	Decimal
Diameter	Diámetro
Divisie	División
Driehoek	Triángulo
Exponent	Exponente
Fractie	Fracción
Geometrie	Geometría
Hoeken	Ángulos
Loodrecht	Perpendicular
Omtrek	Perímetro
Parallel	Paralelo
Parallellogram	Paralelogramo
Rechthoek	Rectángulo
Rekenkundig	Aritmética
Som	Suma
Symmetrie	Simetría
Veelhoek	Polígono
Vergelijking	Ecuación
Vierkant	Cuadrado
Volume	Volumen

Zakelijk
Negocio

Bedrijf	Empresa
Begroting	Presupuesto
Belastingen	Impuestos
Carrière	Carrera
Economie	Economía
Fabriek	Fábrica
Financiën	Finanzas
Geld	Dinero
Inkomen	Ingreso
Investering	Inversión
Kantoor	Oficina
Korting	Descuento
Kosten	Costo
Transactie	Transacción
Valuta	Moneda
Verkoop	Venta
Werkgever	Empleador
Werknemer	Empleado
Winkel	Tienda
Winst	Lucro

Ziekte
Enfermedad

Ademhaling	Respiratorio
Allergieën	Alergias
Bacterieel	Bacteriano
Besmettelijk	Contagioso
Botten	Huesos
Buik	Abdominal
Chronisch	Crónica
Erfelijk	Hereditario
Genetisch	Genético
Genezing	Curación
Gezondheid	Salud
Hart	Corazón
Immuniteit	Inmunidad
Lichaam	Cuerpo
Neuropathie	Neuropatía
Ontsteking	Inflamación
Sinus	Seno
Syndroom	Síndrome
Therapie	Terapia
Zwak	Débil

Zoogdieren
Mamíferos

Aap	Mono
Bever	Castor
Coyote	Coyote
Dolfijn	Delfín
Ezel	Burro
Geit	Cabra
Giraf	Jirafa
Gorilla	Gorila
Hond	Perro
Kameel	Camello
Kangoeroe	Canguro
Kat	Gato
Konijn	Conejo
Leeuw	León
Olifant	Elefante
Paard	Caballo
Stier	Toro
Vos	Zorro
Walvis	Ballena
Wolf	Lobo

Gefeliciteerd

Je hebt het gehaald!

We hopen dat u net zoveel plezier beleeft aan dit boek als wij aan het maken ervan. We doen ons best om spellen van hoge kwaliteit te maken.
Deze puzzels zijn op een slimme manier ontworpen zodat je actief kunt leren terwijl je plezier hebt!

Vond je ze mooi?

Een Eenvoudig Verzoek

Onze boeken bestaan dankzij de recensies die zij publiceren. Kunt u ons helpen door nu een mening achter te laten ?

Hier is een korte link die u naar uw bestellingen beoordelingspagina.

BestBooksActivity.com/Recensie50

FINAAL UITDAGING!

Uitdaging nr. 1

Klaar voor uw bonusspel? We gebruiken ze de hele tijd, maar ze zijn niet zo gemakkelijk te vinden. Hier zijn **Synoniemen!**

Noteer 5 woorden die je ontdekt hebt in elk van de onderstaande puzzels (nr. 21, nr. 36, nr. 76) en probeer voor elk woord 2 synoniemen te vinden.

Notitie 5 Woorden uit *Puzzle 21*

Woorden	Synoniem 1	Synoniem 2

Notitie 5 Woorden uit *Puzzle 36*

Woorden	Synoniem 1	Synoniem 2

Notitie 5 Woorden uit *Puzzle 76*

Woorden	Synoniem 1	Synoniem 2

Uitdaging nr. 2

Nu je opgewarmd bent, noteer 5 woorden die je ontdekt hebt in elke hieronder genoteerde puzzel (nr. 9, nr. 17, nr. 25) en probeer voor elk woord 2 antoniemen te vinden. Hoeveel regels kan je doen in 20 minuten?

Notitie 5 Woorden uit **Puzzle 9**

Woorden	Antoniem 1	Antoniem 2

Notitie 5 Woorden uit **Puzzle 17**

Woorden	Antoniem 1	Antoniem 2

Notitie 5 Woorden uit **Puzzle 25**

Woorden	Antoniem 1	Antoniem 2

Uitdaging nr. 3

Prachtig, deze finaal uitdaging is makkelijk voor jou!

Klaar voor de laatste? Kies je 10 favoriete woorden die je in een van de puzzels hebt ontdekt en noteer ze hieronder.

1.	6.
2.	7.
3.	8.
4.	9.
5.	10.

De uitdaging is nu om met deze woorden en binnen een maximum van zes zinnen een tekst te schrijven over een persoon, dier of plaats waar je van houdt!

Tip: U kunt de laatste blanco pagina van dit boek als kladblaadje gebruiken!

Je schrijven:

NOTITIEBOEKJE:

TOT SNEL!

Linguas Classics

GENIET VAN GRATIS SPELLEN

GO

↓

BESTACTIVITYBOOKS.COM/FREEGAMES